曹 虎 ◎ 著

溢出

新质生产力浪潮下
中国企业出海
营销战略

Spillover Effect

深圳出版社

图书在版编目（CIP）数据

溢出 : 新质生产力浪潮下中国企业出海营销战略 /
曹虎著 . -- 深圳 : 深圳出版社 , 2025. 1. -- ISBN 978-
7-5507-4172-0

Ⅰ . F279.23

中国国家版本馆 CIP 数据核字第 2024KD6521 号

溢出：新质生产力浪潮下中国企业出海营销战略

YICHU: XINZHI SHENGCHANLI LANGCHAO XIA ZHONGGUO QIYE CHUHAI YINGXIAO ZHANLUE

出 品 人　聂雄前

项目策划　南　芳　陈　兰

责任编辑　童　芳　易晴云　许锹仑

责任校对　万妮霞

责任技编　郑　欢

装帧设计　字在轩

出版发行　深圳出版社

地　　址　深圳市彩田南路海天综合大厦　（518033）

网　　址　www.htph.com.cn

订购电话　0755-83460239（邮购、团购）

设计制作　深圳市字在轩文化科技有限公司

印　　刷　中华商务联合印刷（广东）有限公司

开　　本　787mm×1092mm　1/16

印　　张　17.75

字　　数　220 千字

版　　次　2025 年 1 月第 1 版

印　　次　2025 年 1 月第 1 次

定　　价　78.00 元

谨以此书献给米尔顿·科特勒先生

————————

同时感谢菲利普·科特勒教授、
科特勒咨询集团中国及新加坡区的同事
感谢所有被访企业和被访者、科特勒咨询集团的客户

在科特勒咨询集团中国区成立 20 周年之际
将这本书作为一份礼物
送给所有有志于价值出海的中国企业
让我们打破边界，扬帆出海，踏上征途！

序言
PREFACE

我非常欣喜地得知曹虎的新书出版了。在这本书的创作过程中我和曹虎有过许多交流和讨论，他对中国企业国际化趋势的洞察以及成功模式的分析给我留下了深刻的印象，也丰富了我对中国企业国际化营销实践的认知。

我深知市场需求的变化和全球化的新趋势正在以空前的速度重塑着商业世界。中国企业在新一波全球化范式中（曹虎谈到的"全球化2.0"）表现出了令人瞩目的创新活力和发展潜力。他们不仅在国内市场取得了卓越的成就，还将目光投向了全球市场，力图在更广阔的舞台上展现自己的实力，为更多的消费者创造价值。

在全球化2.0和中国大力发展新质生产力的大背景下，中国企业的出海之路不仅是一场商业冒险，更是一次文化和品牌的输出。一个成功的品牌不仅仅是产品和服务的提供者，更是文化、理念和价值观的象征。因此，对于每一个希望在国际市场上站稳脚跟的中国企业来说，品牌的打造尤为重要。品牌是企业与全球消费者之间建立信任的桥梁，是区别于竞争对手的关键要素。

中国企业已经具备了出色的制造能力和创新精神，然而，在全球市场上，品牌的打造依然面临着诸多挑战。一方面，企业需要深入理解不同市场的文化和消费者需求，从而制定相应的品牌战略。另一方面，品牌建设需要长期的投入和坚持，不仅要注重产品质量（因为中国企业的产品普遍达到了相当高的质量水平），更要通过持续的品牌传播和营销活动来增强品牌的认知度和美誉度。

对于中国企业出海，我有以下几点建议：

1. 深入洞察目标市场：在进入任何新市场之前，企业必须进行详尽的市场调研，理解当地的文化、消费者行为和竞争环境。只有真正了解目标市场，才能制定出有效的市场进入策略。社交媒体和新型电商平台正在成为中国企业洞察目标市场消费者的主要途径。

2. 注重品牌的本地化：在全球化的同时，企业也要考虑本地化。一个成功的全球品牌不仅要保持核心品牌价值的一致性，还需要根据不同市场的特点进行适当的调整，以赢得当地消费者的青睐。

3. 坚持长期品牌建设：品牌建设不是一朝一夕的事，而是需要企业长期投入和坚持的过程。企业应当致力于通过创新的产品和优质的服务，不断强化品牌的价值主张、核心价值和价值观，同时通过有效的沟通手段，保持品牌的活力和吸引力。

4. 提升品牌的文化附加值：品牌不仅仅是产品的代名词，更是文化的载体。中国企业在出海的过程中，应当充分利用自身深厚的文化底蕴并将其转化为令人向往的现代生活方式，以增强品牌的独特性、吸引力和相关性。

5. 创造卓越的顾客价值：在海外市场，作为外来品牌，中国企业必须不仅满足，还要超越当地消费者的期望。通过提供独特的产品体验和出色的幸福生活设计，中国企业才能够在竞争激烈的国际市场中赢得顾客的忠诚和信任。

中国企业的出海之路，充满了机遇和挑战。我相信，通过全面的营销管理、对顾客价值的持续创造以及不断的努力，将有越来越多的中国企业在国际市场上建立起强大的品牌形象，赢得全球消费者的信赖和喜爱。

菲利普·科特勒

美国西北大学凯洛格管理学院 S.C.Johnson 国际市场营销学杰出教授

科特勒咨询集团首席顾问

I am thrilled about the launch of Cao Hu's latest book. While creating it, Cao Hu and I had many discussions. His insights into the internationalization trends of Chinese companies and his analysis on successful models have had a positive impact on me and enhanced my understanding of the global marketing practices of Chinese enterprises.

I know how rapidly changing market demands and new globalization trends alter the business landscape. In the new paradigm of globalization—referred to by Cao Hu as "Globalization 2.0," Chinese companies have shown remarkable innovation vitality, and potential for growth. They have achieved outstanding success in the domestic market and aim to demonstrate their strengths on the global stage, generating value for consumers worldwide.

Amidst the backdrop of Globalization 2.0 and China's significant push to promote new quality productive forces, the path of international expansion for Chinese enterprises is more than just a business venture; it is also an opportunity to export culture and brand identity. A successful brand is not merely a provider of products and services but a symbol of culture, philosophy, and values. Therefore, brand building is crucial for any Chinese company aspiring to establish a strong presence in the international market. A brand acts as the bridge of trust between a company and its global consumers and serves as a crucial differentiator from competitors.

Chinese companies already excel in manufacturing and innovation. However, brand building in the global market remains a significant challenge. First, companies need to deeply understand the culture and consumer needs of different markets to develop effective brand strategies. Second, brand building requires long-term commitment and persistence. It is not enough to focus solely on product quality since all Chinese companies have quite good product quality. Companies must also enhance brand recognition and reputation through continuous brand communication and marketing investment.

Here are a few suggestions for Chinese companies venturing abroad:

1.Deeply understand the target market: Before entering any new market, companies must conduct thorough market research to understand the local culture, consumer behavior, and competitive environment. Proper market understanding is the foundation for developing effective market entry strategies. Social media and new e-commerce platforms are becoming a major consumer insight hub for Chinese companies.

2.Focus on brand localization: Companies must also consider localization while globalizing. A successful global brand maintains consistency in core brand values but adapts to the characteristics of different markets to win over local consumers.

3.Commit to long-term brand building: Building a brand requires ongoing investment, persistence, innovative products, and quality services to strengthen its value proposition and core values.

4.Enhancing the cultural value of the brand: A brand represents more than just products; it also embodies a rich cultural heritage. Chinese companies should capitalize on this heritage to create a modern and aspirational lifestyle, thereby boosting the brand's distinctiveness, appeal, and relevance to consumers in global markets.

5.Create exceptional customer value: As new entrants in foreign markets, Chinese companies must not only meet but exceed local consumers' expectations. By offering unique product experiences and superior customer service, they can build customer loyalty and trust in the highly competitive international markets.

The path to global expansion for Chinese enterprises is full of opportunities and challenges. With holistic marketing management, continuous creation of customer value, and unwavering effort, more Chinese companies will build strong brand equity in the international market, earning them the trust and admiration of global consumers.

Philip Kotler

The S. C. Johnson Distinguished Professor of International Marketing at the J. L. Kellogg School of Management, Northwestern University
Principle Advisor, Kotler Marketing Group

中国企业出海的现实与未来

"论及未来时，有三种人：一种是创造未来的人，一种是顺应未来的人，一种是浑然不知已经发生了什么的人。"

——"现代营销学之父"菲利普·科特勒 教授

感谢您阅读本书，在正式开始阅读之旅之前，我想和您分享一下关于本书的缘起和一些核心观点。这本书是关于中国企业如何在全球化 2.0 时代理解出海的重要战略价值和如何制定有效的价值出海营销战略。本书的模型框架和核心内容主要有三个来源：

第一个来源是我的著作《新增长路径》中提出的企业结构性增长和战略性增长模型。我认为，企业的增长主要由结构性增长以及战略性增长构成（详见图1）。出海是企业战略性增长的一部分，是企业构建"第二增长"曲线的关键选择。出海不是孤立存在的一个新兴机会或者一个新增渠道，它是企业经营的整体变革，需要企业有全面和系统的战略和策略。企业在营销战略 7Ts[1] 上必须围绕出海战略进行协同。我们看到中国成功的出海企业，比如 TCL、华为、宇通、安克创新、泡泡玛特等都

---

[1] 7Ts：由产品（Product）、服务（Service）、品牌（Brand）、价格（Price）、激励（Incentive）、沟通（Communication）和分销（Distribution）构成的 7 个战略关键要素（Tactics），因此称为 7Ts。

经历了前期单一要素出海（比如渠道和产品），遇到挫折后重新反思和系统优化调整营销战略 7Ts，最终获得了出海的阶段性成功。

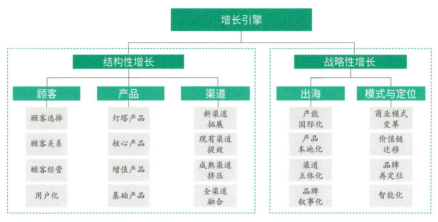

图 1 企业结构性增长和战略性增长模型

第二个来源是我领导的科特勒咨询集团（中国）的咨询项目实践。我们从 2001 年开始就服务中国企业出海，这些企业包括大型国企、创新科技企业、制造业龙头企业、高端服务企业以及新锐新消费科技品牌等。在这 20 多年的全球化大潮中，中国企业扬帆出海已成为势不可挡的趋势，不少企业从出海中获得了巨大的经济回报和品牌成长。现在，中国企业界基本形成了关于出海的共识。各种智库、媒体、协会都在鼓励企业出海并积极出谋划策。"不出海，就出局"甚至成了中国企业界新的醒世箴言！

但是，我们必须在"出海热潮"中保持一分冷静和客观。我们必须认识到：出海是一件系统和长期的事情。我根据科特勒咨询服务客户项目的经验，总结了企业出海存在的十一个迷思。企业家只有意识到这些迷思，并清晰识别出海需要的新能力和面临的风险，才能制定系统有效的出海战略并采取对应的行动，在全球化的大潮中乘风破浪，实现真正的国际化发展。

迷思一：把出海当成"机会"，而非"战略"

国内市场从高速增长变为高质量增长，对不少中国企业来说，出海不再是锦上添花的机会，而是必选的战略。

然而，我们观察到不少中国企业对出海的态度仍然有着浓重的机会主义色彩。由于没有系统的战略思考和布局，缺乏洞察海外市场机会的能力，因此，企业只是一味追逐热点模仿爆品，到头来还是在艰难地做亏损生意，而没有构建长期发展的业务体系和新的核心能力。典型情况是：老板看到不少企业都出海，自己也要试一试，因此在公司内部安排下属组建出海团队，从跨境电商做起，尝试跟踪爆品赚快钱。可结果往往是别人一做就火了，自己做就不火，库存一大堆，客户服务跟不上。其实，当这些企业看到"机会"的时候，早就是一个"坑"了。公司内部产品设计、营销、供应链等都掉链子，最终结果就是偃旗息鼓或者苟延残喘。

问题的本质在于：出海不是一个跟风的机会主义行为，而是谋定而后动的战略行动。企业家要亲自挂帅，识别具体国家市场的品类市场机会，结合企业能力打造专属的海外产品，确定出海的核心客户，建立品牌营销体系（VI[①]、品牌故事、产品营销内容等），建立出海原点渠道和渠道破圈的策略，制定出海财务收益率模型和 ROI[②] 底线，组建灵活的出海营销组织等。总之，出海需要企业家亲自牵头，制定务实的出海战略，去聚焦目标国家市场的细分渠道，及时敏捷地实施和调整，方可有所作为。

迷思二：出海战略空洞，没有聚焦具体的国家市场策略

"出海"是个大词。在真实世界中，海外市场是由一个个国家和经济区域构成的，市场需求和营商环境差别较大。比如，在东南亚市场，同样的游泳服装产品在印度尼西亚的市场需求就和在泰国的市场需求有很大差异；同样是家具产品，美国东海岸市场和西海岸市场也有很大差异。因此，企业必须放弃空洞幻想，从制定出海目的地的顺序分类开始，确定哪些国家的市场是优先进入的，哪些国家的市场是暂缓进入的，哪些国家的市场是核心收入市场，哪些国家的市场是战略高地市场……为出海制定具体的国家市场路线图。然后，企业需求聚焦具体的国家市场来制定出海营销战略（产品、设计、包装、品牌、定价、渠道、推广、履约、售后服务等）和实施落地计划。

---

① VI：Visual Identity，视觉识别。
② ROI：Return on Investment，投资回报率。

迷思三：缺乏市场洞察，不知道如何构建海外产品竞争力和选品

每个国家的市场需求、规格要求和顾客价值主张是不同的，企业要通过了解规管要求、电商产品数据研究、消费者在线社交倾听以及顾客实地调研，来挖掘本地顾客需求，从而形成有针对性和差异化的产品方案。正式产品在海外上市前，进行足够时间的"产品试销"也是关键步骤。比如，在印度尼西亚，消费者对饮料甜度的要求远高于国内市场，不够甜就没人买；美国加州顾客需要的"割草机器人"和西班牙顾客需要的产品也是有差异的（规格、包装要求、性能指标等关注点都是不同的）。即便在美国，不同的细分市场对产品的需求也是不同的。比如，教育机构市场会非常关注 3D 打印机的稳定性、维护便利性和智能化远程管理能力；而创意设计机构就更关注 3D 数字模型的丰富度、打印耗材的多样性和生态服务的能力。

除了细分市场需求不同之外，中国企业还要深刻理解自己的产品属性，从而制定正确的产品策略。比如，韶音的骨传导耳机和创想三维（Creality）的 3D 打印机属于"源头创新"产品，是新兴品类，需要市场教育，因此这类产品起步策略往往是通过"众筹"找到极客[①]人群，一起迭代产品，进而不断破圈。这种产品成功的关键是"跨越鸿沟"树立品类认知！然而，usmile 电动牙刷、徕芬电吹风机等产品属于"组合创新"产品，品类需求相对成熟，市场教育已经基本完成，因此，这类产

---

① 极客：Geek，指某些特定领域的狂热爱好者。

品成功的关键就是基于细分市场的差异化战略、品牌化和高效的入市策略。因此，中国企业出海需要建立强大的产品力，不能投机取巧，直接使用"公模"产品，而是要深入市场和消费者一线，开发真正有领先性和独特性的产品，并有效地设计和管理针对不同细分市场的产品组合。

迷思四：不了解海外渠道，找不准原点渠道也把握不准渠道破圈节奏

中国企业出海的首要任务之一，就是要找到能够触达海外消费者的渠道。海外市场的渠道非常多样化。

不少中国企业出海的原点渠道组合是"平台电商＋展会"，比如亚马逊电商平台+CES展会；也有一些中国企业直接在海外进入线下零售店或自建连锁店，比如TCL、名创优品等。找到原点渠道的本质就是找到能触达目标顾客的渠道商业模式。渠道布局和渠道模式是影响海外市场成功的关键变量。我们称原点渠道为渠道1.0，随着海外市场的业务发展，企业要不断地获取新顾客进入新细分市场，因此渠道也需要不断破圈。

按照企业出海渠道发展的顺序，欧美市场渠道发展可以分为六个阶段：

渠道1.0：展会和贸易商（如：CES、Medica）

渠道2.0：平台电商（如：亚马逊、阿里国际）

渠道3.0：垂直电商（如：Etsy）、线下店的线上网站（如：Target）

渠道 4.0：品牌独立站、社交和内容电商（如 Temu、SHEIN、TikTok）

渠道 5.0：线下区域和全国性连锁店（如：Costco、Target、Publix、Loblaws）

渠道 6.0：线上线下全渠道融合（如：企业建立的 CDP 平台和 Omni Channel 系统）

以上每一种渠道都需要企业具备更强的能力，比如流量获取、内容营销、顾客关系管理、履约和售后服务等，因此出海企业必须循序渐进地构建能力，步步为营地打实基础，建立企业和渠道伙伴的信任。

迷思五：无有效定价策略，无法应对海外价格战

海外市场中的价格战往往是在中国出海品牌之间发生的。其本质是产品雷同无创新，把中国市场中的"卷价格带"思维带到了海外市场。

要破除价格战，出海企业就要基于"细分市场"思维做创新产品和价格带创新。聚焦细分市场顾客需求，打造很难模仿的"高价值产品"。企业不仅仅要提供卓越的产品性能，还要为产品增加美学价值（设计和颜色）、情感价值（情绪和共鸣）、场景价值（为专门的场景任务优化）等多元价值（想想戴森这些年的产品创新路径）。这些价值，竞争对手模仿起来比较困难，因此可以有效保护价格。同时，要抛弃"性价比"思维，关注"价性比"和"时性比"，也就是说企业的产品要成为固定价格带中的最佳选择，以及最简捷方便和最节省时间的选择。

迷思六：只会售卖，不会讲品牌故事和做跨文化公关，不懂如何建立品牌

打造品牌的意识和能力是中国企业出海较大的短板之一，而讲好品牌故事和做好跨文化公关是成功的关键。

企业习惯于通过"卷"产品性能和价格来销售产品，这是一个巨大的误区。因为在海外市场，特别是欧美市场，有巨大的品牌打造机会。消费者在寻求高质量产品的同时，也在寻求品牌的共鸣。因此，在卓越产品性能之上，通过品牌故事来提升顾客价值是出海的终极竞争力。

大量的中国出海企业还处在"好货"阶段，而损失了巨大的品牌价值空间。如果说品牌传播是让企业自己讲好故事，那么公关就是让社会讲好故事。公关传播涉及企业形象、媒体关系、媒体内容和公关活动等，是企业融入当地社会和形成积极形象的关键举措。聪明的出海企业会综合使用公关三媒体（Earned 争取来的媒体、Paid 付费媒体、Owned 自有媒体）来塑造积极的企业形象。

关于如何打造品牌和做公关的著作汗牛充栋，成功案例也不胜枚举，然而中国企业却鲜有实践。根本问题在于根深蒂固的"制造业"思维和缺乏跨文化传播的理解及自信。今天，大量的 70 后、80 后、90 后年轻企业家进入市场，他们在海外留学，熟悉海外市场和文化，也有品牌梦想。他们将是中国出海品牌的中坚力量，也是中国全球化品牌的初代缔造者。看看今天那些源自中国但已经具备国际影响力的品牌：Temu、SHEIN、TikTok、Creality、Vesync、Jupita（原 Dragonpass）等，都是由新一代中国企业家创立的，这也证明了中国企业是可以成为全球品牌的。

迷思七：不了解当地文化和价值观，无法有效地进行跨文化传播和内容营销

中国企业家还缺乏对海外市场在地文化的理解，没有站在共情和尊重的角度去与当地消费者沟通，更没有深入与当地媒体和公民社会进行互动交流，而是仅浮于商业交易和短期获利的表面，这样的企业是无法获得消费者和社会尊敬的。如果只是做跨境电商卖卖货而已，那么文化和公关缺失的影响还不大。但是，当品牌要进入线下零售，进入连锁店和大企业供应链等主流市场的时候，企业品牌、价值观、文化理解和ESG（Environmental 环境、Social 社会、Governance 公司治理）就变得十分关键。因为，构建跨文化的内容传播和公关能力，是出海品牌长期发展的基础和必要条件。

迷思八：不重视售后服务和顾客关系建设，面临持续经营和商誉损毁的风险

不少出海企业对新客户获取十分关注，对售后服务和老客户维护不太在意。通常的做法是给代理商或经销商一笔服务费，把售后服务和顾客关系管理外包给他们。

其实，这样做的企业十分不明智。第一，售后服务的质量和效果决定了消费者的满意度和复购可能性；第二，售后的增值服务（如：耗材、配件等）才是真正的利润来源；第三，售后能力和顾客服务能力是欧美日韩零售商决定是否与品牌合作的关键考核指标；第四，顾客反馈和共

创是企业产品改进的宝贵财富。

因此，出海企业要非常重视构建售后服务能力（维修、退换货、配件、二手处置）和顾客关系能力（顾客问题处理、顾客使用培训、顾客会员积分、推荐激励等）。

迷思九：缺乏国际法律和知识产权意识，面对国际商业争端举措不当

全球化 2.0 阶段的特点就是"区域性多边贸易协定"大有取代"统一大市场的 WTO 规则"之势。这就导致各种贸易规则、关税政策和非关税壁垒空前复杂，全球各个国家和经济区域对产品的标准、规格、原产国认定、税收和 ESG 要求也是规则种类繁多。对 IP（知识产权）的保护与认定也成为跨国竞争的利器。比如，2024 年初发生的美国智能指环（Smart Ring）IP 保护诉讼，对不少从事智能指环业务的中国企业产生了巨大影响。因此，中国出海企业面临着比在中国复杂得多的合规环境和几乎不可避免的国际商业争端。中国出海企业应尽早完善税收、IP、交易和生产等合规审核和合规运营，构建国际合规策略指引和专业服务商网络。

迷思十：缺乏合理有效的出海营销组织，无法支持公司业绩成长和本地化需求

没有有效的组织，一切战略都是空想。中国出海企业经常面对出

海组织设计失效和出海人才不足的双重挑战。我们建议出海企业从构建"最小出海组织"开始，以风险投资的逻辑组建创业型组织；以"领导和技术岗位国内外派、管理和落地岗位在地招聘、营销人才本地培养在中国训练、灵活使用专业外包伙伴"的四重手段构建出海人才梯队和组合。根据科特勒咨询的实际经验，出海企业起步阶段通常会以中国总部为中心，来构建"国家总经理制"的国际市场组织结构。随着海外业务的扩张和产能的多链多点布局，出海企业的组织结构可以调整为"全球总部－业务单元－国家市场"的全球一体化结构。

迷思十一：没有构建海外融资和财务架构，海外资源获取和抗风险能力受损

出海业务的特点是毛利润高但净利润不一定高。因为，出海业务履约周期比国内业务长（通常是 90—120 天），履约环节复杂，不可控因素多（比如：海运费用、末端物流、汇率风险等），资金周转慢于国内（国内优秀的 3C 电商企业年度存货周转可以做到 6—8 次，而出海业务做到 3 次已经是优等生了），出海中的物流、维修、仓储、资金占用成本等都在侵蚀出海企业的净利润。

因此，出海对中国企业的财务管理和融资能力提出了升级要求。出海企业必须建立一套合规的"母国总部和海外业务中心"财税管理体系，以便在合规前提下最大化利润和资金周转。另外，出海企业一定要善用出海目的地国家的融资资源，进行本地融资（可以是债权、供应链金融或股权）以加快发展步伐和对冲国际货币汇率风险。比如：深圳某智能

开放式耳机品牌在菲律宾建厂，以便产品输出到美国市场。其中，菲律宾投资人出资建设厂房购买设备等重资产，而深圳品牌方则输出品牌、技术和营销，从而实现轻资产发展。

第三个来源是科特勒增长实验室于 2022—2024 年进行的对出海企业的案例研究和田野调查。我们在过去的 3 年中，研究的出海企业（包括海外华人企业）超过 30 家，涉及的主要国家市场近 20 个，访谈的国际专家和资深从业者超过 50 人，荟萃研究的行业报告、案例分析和数据超过 150 份。这些真实信息极大丰富了我们对"中企出海"这个波澜壮阔的经济社会运动的全景式理解。

我并不打算在本书有限的篇幅中对出海进行宽泛的素描式表述，而是选取其中的底层逻辑、关键驱动因素和创新模式进行较深度的阐述。我在本书中首次提出了新质生产力浪潮下的"价值出海"的新思路，我期待这些思考和观点能够像夜空中的点点繁星，为你引导出海航向和驱除出海迷思。然而，你始终要记得：你是船长，这是你的船，你要带领这艘船谨慎而笃定地踏上出海之路！

我常把阅读一本书比作一次旅行。真正的旅行不仅在于发现新的风景，更在于获得新的眼光！

祝您开卷有益，广增见识！

曹虎

科特勒咨询集团（KMG）全球合伙人、中国区及新加坡区 CEO

科特勒增长实验室创始人

目 录
CONTENTS

157

第 3 章
实战出真知 —— 那些闯出去的品牌

211

第 4 章
洞察与建议 —— 出海访谈实录

第 1 章

出海，新增长引擎

溢出效应

出海不是新鲜事，但是常新的事。

早在 20 世纪 90 年代，中国政府就大力鼓励企业以"三来一补"的方式，参与国际贸易和国际产业分工。2000 年 10 月份，中国政府提出"实施'走出去'战略，努力在利用国内外两种资源、两个市场方面有'新的突破'"。根据这一战略，中国的经济发展策略逐渐从过去的"引进为主"，发展为"引进来"和"走出去"相结合。2009 年，中国很多有实力的企业开始通过海外并购的方式来加速海外扩展步伐，构建国际业务体系。2013 年，"一带一路"倡议更是加速了中国企业在海外进行生产设施和贸易服务能力的投资行动。到了 2017 年，由于中国政府调控和优化对外投资以及国际贸易摩擦加剧，大部分中国企业逐步减少海外并购，开始精细化和深度化运营海外本地业务。发展到今天，中国企业已经进入以深度全球本地化运营和国际竞争力培育为核心特点的"价值出海"阶段。

纵观过去 30 年中国企业的出海历程，我们发现，企业出海的主要原因并非国内产能结构性过剩，而是中国企业寻求持续增长的必然结果。也就是说，中国企业出海的本质是：中国优秀企业的强大核心能力和创新商业模式在全球市场价值外溢的结果。

"溢出效应"（Spillover Effect）可以解释大部分中国企业价值出海的成功逻辑，它具体包含两个底层逻辑：

　　逻辑一：企业必须通过商业模式设计把中国的全球比较优势变成企业自己的竞争优势。

　　逻辑二：企业必须通过系统的国际化战略把自己的核心能力和核心业务在国际市场中实现协同（Synergy）和复用（Leverage）。

　　逻辑一主要靠创新的商业模式设计来发挥作用。 比如，国际化电商平台 Temu 在全球市场的快速发展就得益于其创新的商业模式，把中国的制造业和供应链全球分工优势转化为企业的社交电商和 C2B 模式。潮流文化零售店泡泡玛特和名创优品在国际市场上的成功，相当大程度上依赖于中国、韩国和日本的 IP 文化内容优势，而且实现了从产品输出到商业模式输出的转型。消费级 3D 打印解决方案提供商创想三维和骨传导耳机品牌韶音科技都是"源头创新"型科技产品，它们都得益于中国相对较低成本的科技产品工程化能力，然后通过"众筹"等方式进入国际极客市场，一步一步破圈进入国际主流市场从而获得成功。

　　逻辑二主要靠国际化战略来实现。 比如，金属包装科技龙头企业奥瑞金对其核心能力（制造和综合解决方案）进行全球复用，通过收购国际巨头波尔的亚太业务来实现进入全球市场，又通过综合方案的协同能力进入预制菜和功能饮料领域来反哺其金属包装核心业务。奥瑞金将生产加工、部分原料采购甚至部分产品设计"前置创新"到当地市场，有效降低了整体生产与运输成本，提升了全球竞争力。3C 电子品牌安克创新把自己多年积累的产品创新能力和 GTM[①] 能力进行内部 SaaS[②] 化，

---

① GTM：Go To Market，市场进入。
② SaaS：Software as a Service，软件即服务。

从而实现众多产品的全球市场敏捷产品研发、快速商业化部署和精准高效的产品入市。3C 电子品牌 Vesync 围绕其健康科技树和整体健康（Holistic Wellness）的核心能力，不断在美国、欧洲和日本市场推出健康智能产品，逐步形成"产品生态 + 健康服务"的业务布局，使其成为全球智能小家电领域的一线品牌。快时尚品牌 Urban Revivo（以下简称为 UR）利用其大数据能力，对国际消费者需求进行洞察，从而快速开发当地消费者喜爱的产品。UR 的大数据分析能力来源于其国内业务的积累与技术迭代，并适配到国际市场。在海外门店铺设过程中，UR 通过直营店来收集分析数据，以识别适合当地的风格和版型。当单店盈利水平趋于稳定后，再通过加盟店模式进行高质量的复制和拓展。

通过对众多类似案例的分析，我们还发现，"溢出效应"要发挥作用，企业还需要做好三件事：产品本地创新、品牌跨文化叙事以及全渠道渗透。

一、产品本地创新

所有的营销都是本地的。出海企业需要聚焦国际本地市场需求和顾客洞察来设计和优化产品，而不是直接采用舶来的标准品。比如，中国客车在中东销售时，需要更换不同的客车玻璃颜色、座椅材质和空调的出风口。因为气候炎热而且当地人喜欢在车上吃面包，面包屑容易掉进空调出风口，所以要换成防掉物的出风口格栅。

二、品牌跨文化叙事

人们爱的不是产品而是产品代表的文化。因此，中国企业出海必须要重视文化叙事，文化是品牌的灵魂也是产品的精神。中国企业需要学会讲述品牌故事、品牌价值观和产品理念，积极与本地消费者和社区进行沟通，成为受欢迎的本地伙伴。我们还很少见到中国企业积极讲述品牌故事和进行社会性公关，中国企业更多的还是在做广告（比如赞助世界杯、买下时代广场广告牌等）。这些广告固然重要，但是如果仅仅止步于此，就会让国际消费者错误地觉得中国企业只关心利润并没有长期的承诺，不值得合作和托付。

三、全渠道渗透

要成为真正的品牌，就必须在全渠道销售，深度融入本地生活。中国企业出海大多数起步于 B2B 贸易和跨境电商，这是不够的，因为这样做的话，天花板很低而且远离真正的用户。中国企业需要进入线上和线下多渠道（如同我在序言中提到的，渠道经历了从 1.0 到 6.0 的不同阶段）。

本书的后续章节将围绕"溢出效应"构建价值出海战略的重要议题详细展开，希望给大家一个思考框架和操作指南。

全球营销的泰坦之战 ①

从 2018 年开始全球市场和营销开始发生巨变。在最近两年中，企业出海所面临的政策和经济环境都变动得更加剧烈，这给企业出海带来了非常大的挑战。

我们快速回顾一下，中国企业出海经历了怎样的过程：

起步阶段（改革开放至 2000 年）

基于劳动密集型和资本密集型的产品出口 ②。在这一阶段，企业通常没有在海外设立自己的销售和运营团队，而是通过海外贸易伙伴将产品或服务输出到海外市场。

---

① "泰坦之战"有多种含义，原意是指希腊神话中的泰坦神族与奥林匹斯神族为了争夺宇宙霸主地位而展开的一场战争，后来引申用来指第一次世界大战。一些科幻作品中也会用这个词来指人类与某种先进的人工智能或外星生物之间的冲突。文中此处使用"泰坦之战"，意在说明战争的规模和影响范围较大，持续时间较长。

② 关于"出口"与"出海"的区别，"出口"主要是一个贸易概念，指的是一个国家将其生产的商品、服务或资本输出到其他国家或地区，以换取外汇，主要通过海关统计具体数据。而"出海"不仅包括产品或服务走出国门的销售环节，还涵盖了企业在海外建立生产组装基地、进行本地化研发、售后服务等一系列产业链上的活动，更多强调企业在海外市场的全面布局和深度参与。关于出海的关键数据一般是企业的海外销售额、市场份额、品牌知名度等指标。二者在定义范围、侧重点、风险控制、战略意义、数据统计等方面都有差异。

加速阶段（2001—2011 年）

2001 年中国加入世界贸易组织（WTO），中国企业开始通过制造代工实现产品出口，但产品的研发和营销仍在国外，属于典型的"两头在外"模式。企业优势主要在于国内的低劳动力成本。典型的代表企业是富士康。

升级阶段（2012—2020 年）

2012 年，亚马逊开始招募中国卖家入驻，跨境电商成为企业出海的重要路径之一。在前期，出海企业以铺货为主，后期开始注重技术创新和品牌建设。这类企业通常在国内有比较成熟的产业链，总部位于国内，但开始在海外建设本地化的营销团队和运营团队，并进行品牌化转型。典型的代表企业来自消费电子、家电、汽车等行业。

这是一个黄金阶段。企业主要的经营指标应该围绕着市场份额制订。在高速增长的市场中，企业应不计代价、不惜成本、不考虑利润地获得市场份额的增长。在这个阶段，企业即使不赚钱，增长也很快，可称为战略性亏损，其目的是以赔钱为代价来拥有顾客，有了顾客再开始盈利。

变革阶段（2021—2030 年）

这一阶段的情况比较复杂。上一阶段的逻辑在这一阶段会受到很大的挑战。因为如今的获客成本很高，企业的议价能力增长慢，甚至有下降的情况。图 1-1 是我们在 2020 年年初时所做的预测。在 2020 年以前，中国企业出海的关键词是"适应"，中国企业逐渐适应海外市场的环境和规则，学会如何与海外的合作方和消费者打交道，逐渐提升自己的专业性。2020 年，由于全球新冠肺炎疫情的突然暴发，全球供应链受到影响而短暂中断，在新冠肺炎疫情全球大流行阶段，中国由于及时实施了严格管控措施，使生产迅速恢复，于是大量海外订单涌向中国。海关历史数据显示，2021 年前 2 个月，我国进出口总值同比 2020 年增长 32.2%，其中出口增长高达 50.1%。2020 年，亚马逊的顶级大卖家中，中国大卖家占比近一半，卖家规模迅速扩大。这一阶段的关键词是"变革"。2022 年，国外率先放开管控，生产已然恢复，而此刻的中国市场仍处于管控阶段。中国港口的空集装箱堆积，出海订单量下滑。与此同时，亚马逊开始大规模封闭违规卖家（指开设多个账号刷单铺货的卖家），涉及5 万多个账号。2023 年，在整体渠道上，近六成的卖家表示营收相比上一年下滑，其中，有 18% 的卖家表示营收下滑幅度超过 50%[①]。商务部指出，我国外贸领域的主要矛盾，已经从此前的供应链受阻、履约能力不足，转变为当前的外需走弱、订单量下降。2023 年中国商品出口额 3.38万亿美元，同比下降 4.6%[②]。这一年，企业出海正式进入"深化"阶段，为了寻求海外市场机会，中国企业家组团包机出海考察。纵观历史可知，重大的经济周期和危机往往也是新时代品牌诞生之时。美国通用电气、波音、苹果、麦当劳、可口可乐等品牌都是在战后的经济周期调整中壮

---

① 雨果跨境《2024 跨境电商行业趋势报告》。

② 商务部数据。

大的。历史是会延续和轮回的。新冠肺炎疫情之后，今天的世界正处在新旧品牌交替的关键时间节点。因此，我认为，2024—2026 年将成为中国企业深化出海的关键时期。全球营销新战局将在这三年中逐步成形，我称之为"全球营销的泰坦之战"，中国企业要抓住这一轮机遇！

中国企业出海背景

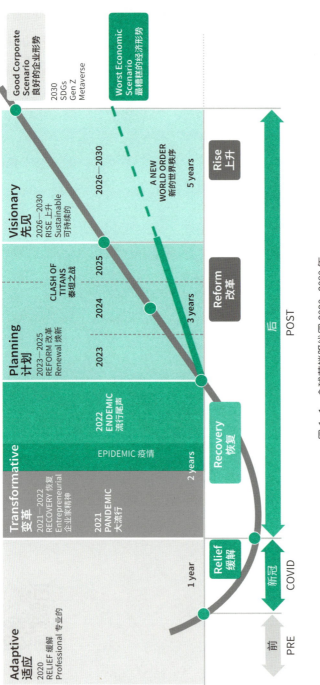

图 1-1　全球营销路线图 2020—2030 年

需要深刻理解影响企业出海模式和增长的两大因素

（一）全球化 2.0：从过去在 WTO 背景下强调全球分工的"一体化全球市场"模式，发展成以多个多边贸易和多边协定为基础的"马赛克化全球市场"模式（见表 1-1）

区域贸易组织或协定虽然为组织内各成员方提供了降低关税、消除非关税壁垒等好处，但对于组织外的国家则提高了贸易壁垒，因为贸易将从非成员方转移到成员方之间。此外，不同贸易组织对于知识产权、用户隐私、企业社会责任等方面也具有差异化的要求，企业出海必须关注这些关键问题。

表 1-1　区域贸易组织一览表

区域贸易组织	涵盖国家
欧洲联盟（EU）	欧洲 27 个成员国
美墨加协定（USMCA）	美国、墨西哥、加拿大
东盟自由贸易区（AFTA）	东盟十国（文莱、柬埔寨、印度尼西亚、老挝、马来西亚、缅甸、菲律宾、新加坡、泰国、越南）
亚太经济合作组织（APEC）	由 21 个经济体组成的官方经济合作论坛，成员方包括中国、美国、日本等
跨太平洋伙伴关系协定（TPP）	由亚太经济合作组织成员方发起的自由贸易协定

续表

区域贸易组织	涵盖国家
区域全面经济伙伴关系协定 （RCEP）	包含 15 个国家：中国、日本、韩国、印度尼西亚、老挝、马来西亚、缅甸、新加坡、菲律宾、泰国、越南、新西兰、澳大利亚、文莱、柬埔寨

（二）国际市场合规改变：多元化的合规要求正在极大地影响着产品规格、产品成本、产品形态，以及在地生产、在地服务、跨文化塑造扎根当地的能力

每个国家都有不同的监管政策、法律法规，给出海企业带来了合规性的挑战，其中包括：财务税务合规、产品资质合规、知识产权合规、媒体渠道内容合规、电商平台运营合规、个人数据保护合规等要求。

美国政府在 1977 年制定的《反海外腐败法》（*Foreign Corrupt Practices Act*，简称"FCPA"），要求企业在海外业务中不得进行任何形式的贿赂或腐败行为。中国企业在美国进行业务活动时，需要确保自身的商业行为符合 FCPA 的规定。美国海关要求进口商在申报时提供详细的交易证明材料，以证明交易的合规性。这要求中国企业在与美国进行交易时妥善保管和准备相关的交易文件和记录。此外，不同品类也有要注意的产品和传播合规要求。尤其是食品饮料行业，印度尼西亚、泰国等国家要求进入本土的食品饮料要有 FDA[①]检验，而且要提供专门的营养成分表。2019 年，新加坡全面禁止高糖饮料广告，并且推出了分级标

---

① FDA：Food and Drug Administration，食品药品监督管理局。

签政策（见图 1-2）^①。

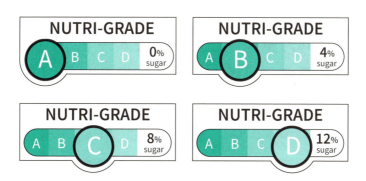

图 1-2　新加坡包装饮料营养等级标签^②

毫无疑问，全球化 2.0 已经打破了过去传统的基于 WTO 的统一市场基本范式，让今天出海需要变得更加本土化，扎根在中国，发展在海外，打造品牌，构建本地服务能力，进行跨文化沟通。

全球化 2.0 是更加深入的全球化。它要求企业能力更加多元 —— 从单一市场变成区块化市场，从在一个国家生产标准化产品然后销往全球（特点：单一供应链和长距离供应链），变成在多个国家生产，为当地市场迭代更新本土化产品（多条供应链和短距离供应链）。过去的单项冠军企业在今天很难适应新的全球化市场，这是一个深刻的变革，这就是前面提到的全球市场营销的"泰坦之战"。在这场"战争"中，将催生一批优质的"新全球品牌"，同时也会让那些没有及时转型的企业和

---

① 从 2022 年 12 月 30 日起，新加坡所有在本地销售的包装饮料，必须贴上注明 A、B、C 或 D 等级的营养等级标签（Nutri-Grade）。营养等级标签须列明饮料含糖分和饱和脂肪百分比，方便消费者快速比较。A 级、B 级代表不含糖、所含糖分较少，为较健康的比例。

② 图片来源：新加坡卫生部官网。

品牌边缘化或消失。

全球化 2.0 的力量，让我们正在进入一个"品牌新世界"撬动和蚕食"品牌旧世界"的变革时代

首先，什么是品牌旧世界？品牌旧世界是指过去在全球销售业绩斐然、家喻户晓且占据市场绝大多数份额和利润份额的有影响力的各品类产业头部公司，大多数是西方或日韩公司。这些品牌如今在旧世界仍然强大、有价值且值得尊敬。

此外，我们正在看到品牌新世界的崛起，它将由中国本土创新企业和全球海外华人企业所创造。回顾历史数据，我们发现全球经济中心和品牌中心是高度关联的。按照中国的经济总量和增速，如果没有出现全球重大政治社会发展断层，那么在未来 5—10 年内，中国将是全球品牌中心。我们可以看到不少由全球年轻华人和中国人创立的品牌进入国际市场成为国际品牌，一部分中国品牌成为全球品牌，少部分中国品牌成为全球超级品牌。

因此，中国的企业家不应忽视历史性机遇，应勇敢尝试，即使试错也要做起来，积极地参与到这场全球市场营销的"泰坦之战"中。

出海，势在必行

如果在中美关系没有发生急剧化冲突，东西方没有撕裂的 2012 年出海是不是更好一些？

有一定道理，但我们没有办法假设历史，必须面对现实。如果在 2012 年就布局出海，那么今天已经构建起一个全球化运营体系。但错过了那个时机，在今天积极布局出海一样不晚，因为现在我们拥有比 2012 年更强大的供应链和技术、更卓越的运营生产能力，以及在今天"卷"出来的各种能力。对于有实力、有能力、有发展需求的企业，出海在任何时候都是一个非常可行的必选项。

为什么说品牌出海势在必行？
因为中国企业正同时面临着出海的压力和动力，
压力同时来自内外两方面

（一）国内从高速度增长到高质量增长，优秀企业必须向海外谋发展，减少对单一市场的依赖

出海不论早晚，无论是高端品牌还是大众品牌，只有积极拥抱出海，才能提升企业抗风险的能力。在单一市场出现增长停滞的情况下，此举

能够通过多元化分散风险，同时享受贸易基础设施全球化带来的统一市场的机会。如今，国际市场当中出现经济发展的不平衡化和市场需求的错位化，这就导致国内的发展周期是有对冲效应的。出海使企业的经营能够实现风险对冲，使企业的增长更加平滑，"东方不亮西方亮"，像印度尼西亚这样快速成长的新兴市场，具有生机勃勃的活力，市场潜力巨大，它还是我们的邻居，值得中国企业关注。通过国际化分散风险，对风险资产进行对冲，让企业获得一个比较可预测的平稳发展。

（二）各国出台政策保护本土制造业，中国企业需要通过海外本土化生产以对冲地缘政治风险和贸易壁垒

2018 年，美国政府以"国家安全"之名援引"301 条款"（美国 1974 年《贸易法》第 301 条），对中国输美商品加征惩罚性关税。2020 年，《美墨加协定》生效，在原本"北美自贸协定"的基础上进一步提升了原产地规则，比如要求汽车至少 75% 的零部件必须在三国生产，才能享受零关税，高于此前 62.5% 的标准。2022 年，美国颁布了《通胀削减法案》，政府将向购买新电动车的消费者提供 7500 美元的税收抵免，以整车在北美当地组装等为补贴的条件。2024 年 3 月，印度政府提出：中国智能手机企业需要更多地聘用印度人出任当地分公司的管理层；印度经销商要在本地销售环节中占据更重要的位置，以及鼓励中国企业与印度本地公司共同生产智能手机。2024 年 6 月，美国多名众议员提出议案，

要求美国国土安全部暂停从六家中企采购电池 ①。欧盟委员会拟对自中国进口的电动汽车征收临时反补贴税。

此外，国际局势的动荡也使全球供应链从以往追求性价比向追求安全稳定转变。出于供应链安全的考虑，很多全球企业开始将供应链转移到本土、近邻或友好国家。比如苹果公司要求供应链企业必须在越南、印度设立工厂，以分散供应链风险。ToB 的供应链企业必须选择是否随之转移。当特斯拉决定在墨西哥建厂后，特斯拉的供应商瑞可达也只能追到墨西哥建厂，否则就会失去这一大客户 ②。为了让墨西哥工厂尽快投产，特斯拉也正积极动员中国供应商前往墨西哥。宁波华翔、拓普集团、旭升集团、均胜电子等特斯拉供应链上市公司已纷纷启动或加速前往墨西哥建厂。

受此影响，中国对美国商品出口的份额在 2018 年达到 21% 的高峰之后持续回落。2023 年，美国进口的商品中，来自中国大陆的仅有 14%，与 2005 年的水平相当。失去的份额一部分被工资成本更低的东南亚国家替代，一部分被墨西哥、加拿大等近岸国家分走。2015 年至 2023 年，越南对美国的出口份额从 2% 上升至 4%，墨西哥的份额从 13% 上升至 16%（见图 1-3）。③ 如果你过去的业务是在中国生产，然后进行简单出口，那么你将面临更大的挑战。可能需要考虑进一步将出口模式转变为直销模式、在地化服务模式甚至在地化生产模式。因为必须通过多元化模式来对冲地缘政治风险。

①　财新：《暂停向中企采购电池？美众议员议案"点名"6 家企业》https://mp.weixin.qq.com/s/6pkXIS9SouUYfyewCJ5tdg。

②　硬氪：《中国工厂远征墨西哥，在抢劫、偷盗、内斗中寻找希望》https://mp.weixin.qq.com/s/ltF5k_LcY9HYVoz3ywsBrw。

③　东海证券：《宏观视角看中国企业出海系列一：高质量发展阶段中国企业出海的新趋势》。

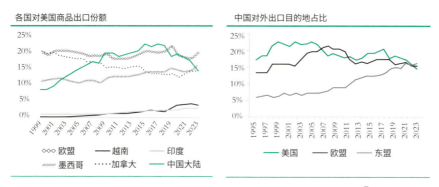

图 1-3 各国对美国商品出口份额以及中国对外出口目的地占比 [①]

还有一些国家对本土生产制造的商品提供更优惠的税收政策。比如全球第十大汽车制造国泰国规定，在本土建厂的电动车企业，每辆 10 人座以下乘用车最高可获得 15 万泰铢补贴，商品税也从原来的 8% 降至 2%。很多中国车企比如比亚迪、哪吒、上汽、长城等直接在泰国投资建厂，以降低成本从而降低终端价格去抢夺海外市场。2020 年进入泰国市场的长城汽车宣布在泰国建厂后，下调了 3 款纯电动汽车的价格，最低价格约为 83 万泰铢，比原来便宜 16%。

中国企业出海原因

---

① 资料来源：Wind，东海证券研究所。

企业出海的动力来自政策支持、科技进步、全球传播 / 渠道平台的多元化和增长驱动四个方面

首先，中国政府一直为企业出海提供多方面的政策支持（见表 1-2）

2000 年 3 月，"走出去"战略正式在九届全国人大三次会议期间提出。党的十五届五中全会则确定"走出去"战略成为四大新战略[1]之一。从 2000 年到 2018 年期间，我国进行了一系列对外投资政策改革，改革的原则是"企业主体、市场原则、国际惯例、政府引导"，改革的方向是"简政放权、放管结合、优化服务"。这一阶段是我国对外直接投资发展最为迅速、稳定的时期，对外直接投资存量从 2004 年的 55 亿美元上升到 2018 年的 1430 亿美元。

2013 年，习近平总书记在出访中亚和东南亚国家期间，先后提出共建"新丝绸之路经济带"和"21 世纪海上丝绸之路"（"一带一路"）的合作倡议。由此，中国政府与多个国家签署了一系列合作协议，积极引导中国企业出海。据国家发改委数据，2013 年至 2023 年 10 月，我国与共建国家进出口总额累计超过 21 万亿美元，对共建国家直接投资累计超过 2700 亿美元[2]。

---

[1] 西部大开发战略、城镇化战略、人才战略和"走出去"战略。
[2] 东海证券：《宏观视角看中国企业出海系列一：高质量发展阶段中国企业出海的新趋势》。

表1-2 中国出海相关政策与区域协定列举

政策名称	发布日期	颁布主体	政策要点
《区域全面经济伙伴关系协定》	2020年11月15日签署，2022年1月1日起正式生效实施	东盟十国以及中国、日本、韩国、澳大利亚、新西兰15个国家	共同建立一个现代、全面、高质量以及互惠共赢的经济伙伴关系合作框架，推动实现区域内高水平的贸易自由化，对与货物贸易相关的承诺作出规定。这包括给予其他缔约方的货物国民待遇、通过逐步实施关税自由化给予优惠的市场准入、特定货物的临时免税入境、取消农业出口补贴，以及全面取消数量限制、进口许可程序管理，以及与进出口相关的费用和手续等非关税措施方面的约束
《国务院办公厅关于推动外贸稳规模优结构的意见》（国办发〔2023〕10号）	2023年4月	国务院	支持外贸企业通过跨境电商拓展销售渠道、培育自主品牌；鼓励地方结合产业禀赋优势建设跨境电商综合试验区，积极发展"跨境电商＋产业带"模式，推动跨境B2B出口等
"2023年促进跨境贸易便利化专项行动"	2023年4月	海关总署	一是进一步深化"智慧口岸"建设和口岸数字化转型；二是进一步支持外贸产业升级和新业态健康持续发展；三是进一步提升跨境通关物流链供应链安全畅通水平；四是进一步规范和降低进出口环节合规费用；五是进一步提升外贸经营主体获得感和满意度
《支持外贸稳定发展若干政策措施》（商贸发〔2022〕152号）	2022年9月	商务部	支持优势产品开拓国际市场；发挥外贸创新平台作用；进一步发挥跨境电商稳外贸的作用；进一步促进贸易畅通

续表

政策名称	发布日期	颁布主体	政策要点
《"十四五"现代流通体系建设规划》（发改经贸〔2022〕78号）	2022 年 1 月	国家发改委	促进跨境贸易多元化发展，鼓励跨境电商平台完善功能，引导企业优化海外仓布局，提高商品跨境流通效率
《国务院办公厅关于加快发展外贸新业态新模式的意见》（国办发〔2021〕24号）	2021 年 7 月	国务院	优化跨境电商零售进口商品清单，扩大跨境电商综试区试点范围；依托海外仓建立覆盖全球、协同发展的新型外贸物流网络
《关于进一步发挥出口信用保险作用 加快商务高质量发展的通知》（商财函〔2021〕89号）	2021 年 3 月	商务部	扩大保单融资，加大出口信用保险精准有效支持，促进外贸外资稳中提质

其次，科技进步促进了出海产品的升级，同时也赋予了中小企业出海的能力

以往，中国出口产品以低科技含量的劳动密集型产业为主，比如纺织品、代工的电子产品等，现在国产手机、汽车等高科技产品也开始了大规模出海，并且从功能性向智能性产品升级，从卷成本、卷价格升级到谋求高利润。2023 年，电动汽车、锂电池、光伏产品"新三样"出口增长近 30%，贡献了出口额的 4.5%[①]，高质量、高附加值产品竞争力提升。

---

① 清华大学：《新质生产力与高质量发展：2024 年两会精神解读与宏观经济展望》。

AI 技术和移动互联网技术的发展，使中小企业也具备了过去只有跨国公司才具备的跨国协同、实时协作、实时通信和数据分析的能力。回想过去，全球几百人的视频会议如何进行？今天我们的视频会议免费，使中小型企业的跨国沟通和跨文化协作成为可能。比如协同办公 App 钉钉在 2020 年推出了国际化版本 DingTalk Lite，可以实现跨国会议同步语言翻译、多时区考勤、跨时区排班、跨地域打卡等功能，聊天和视频会议支持 15 种语言的翻译。

再次，全球化传播平台和渠道的发展，为企业出海提供了营销支持

过去，出海是大企业的盛宴，而今天则是众多新创品牌和中小企业的盛宴。因为新一代的数字化基础设施，为海外市场的开拓提供了高效的工具。全球化的跨境电商平台、物流平台、社交媒体平台等降低了分销渠道的交易成本，也提高了传播和分销的效率。今天，中小企业终于有机会像跨国公司一样融入全球市场。虽然体量无法与之相比，但是可以参与全球不同经济体的竞争。

比如，美国电商行业具有流量分散的特点，消费者在购买商品之前喜欢去多个平台搜索相关信息，而且乐于尝试新渠道，这为中国电商平台的出海提供了有利的土壤。字节跳动旗下 TikTok、拼多多旗下 Temu、SHEIN 和阿里巴巴旗下全球速卖通在海外的成功正是得益于此。

企业做生意、做战略，要因势利导，先做最顺畅或者能够最快达成效果的事情，"先把低垂的葡萄摘下来"。这样做有利于建立一个积极的

舆论环境，增强组织信心。如果海外有很好的销售渠道，有值得信任的经销商以及有能力的合作伙伴，那么何乐而不为？幸运的是，因为有了这些成熟的平台，企业可以将更多的时间和精力聚焦到产品和品牌上。

Temu 等电商平台提供的全托管模式，使卖家只需发货至 Temu 国内仓和申报供货价格（Temu 买手核价），商品上架、流量、发货、售后等工作都交由平台来负责，降低了国内中小卖家出海的门槛。企业出海，既要目标高远、志向远大，又要脚踏实地。找到可用的资源，并善用这些资源，撬动社会资源。无论走哪条路，只要你坚持做，都能够获得成功——这只是时间上的问题。

过去，创业受地理位置限制，今天创业公司的发展，可以充分依托这些数字化平台和全球高度分工的供应链和物流链，来帮助我们"生而全球化"。中国企业在一些品类当中具备很强的竞争优势，而这些优势可以通过有效的品牌运作，深入当地的文化和渠道进行深耕，从而变成全球竞争力。

最后，海外市场空间广阔，更大的市场意味着更大的增长，更好的盈利机会

出海是企业自身持续增长的需求。中国企业做到一定程度后，遇到瓶颈期，都要寻求持续增长。这就要求我们把优秀的产能和企业能力输出到全球，进入全球市场服务全球消费者，这是一个必然的结果。出海也有利于提升企业自身产品的竞争力。企业出海就是互相学习，我们要通过出海融入海外的市场，吸纳更多的人才和技术，以及提升产品开发

的审美水平，加深对消费者的理解，全面提升企业的竞争力。

当然，企业出海也面临着很多挑战。

科特勒咨询集团首席顾问、"现代营销学之父"菲利普·科特勒教授认为，企业的全球化扩张主要面临两类风险[①]

（一）进入新市场的一般风险

包括：公司无法理解顾客的需要，无法开发出满足这些需要的产品，无法正确识别竞争威胁，无法建立有效的供应和分销网络，或者无法以经济有效的方式推广产品等。

（二）在他国开展业务的具体风险

包括：不了解外国商业文化的细微差别和外国法规的复杂性，缺乏熟悉国际管理经验的管理人员，商业和政治变化的干扰（比如关税、汇率波动，甚至是政府的更迭导致企业的国外财产被没收等）。

在提及压力促使企业出海时，其中一大压力来源就是外国政府对于进口商品施加的高关税。企业进军海外市场，会面对很多类似的具体难题。这要求企业领导者深入该国市场，深入了解其政治、经济、文化、

---

① 菲利普·科特勒、凯文·莱恩·凯勒、亚历山大·切尔内夫《营销管理》第16版，中信出版集团。

风俗等问题，熟悉新的全球多边形的贸易规则，构建合规的团队。

曾经，有一家泳衣品牌在印度尼西亚做市场推广时就引起了争议。在印度尼西亚文化中，普通的泳衣被认为过于暴露，当该品牌的泳衣广告中出现穿着泳衣的性感美女时，印度尼西亚的部分宗教地区爆发抗议，造成了企业的舆论危机。2019 年，宝格丽在中国猪年发布的"Jew 事顺利"广告，使用了"猪"的谐音"Jew"（珠宝"Jewerly"的缩写），被质疑种族歧视（单词"Jew"也有犹太人的意思），最终不得不撤下广告。

而在沙特，企业在周五加班，可能影响到本地人做礼拜的权利，甚至可能被举报为"侵犯宗教利益"，当地政府会对企业发布警告或直接罚款。社会文化和风俗不同，会给出海企业带来很多意想不到的问题。

中国企业出海的四大困惑

在科特勒咨询对出海渠道、媒介平台、服务机构以及在美国和东南亚取得成功的中国企业进行访谈的时候，我们也一再发现，企业经常有这样的困惑（见图 1-4）。

中国企业出海困惑

困惑一：产品怎么选？	困惑二：品牌如何做？	困惑三：渠道怎么搞？	困惑四：组织怎么建？
建立市场知识	**塑造品牌体系**	**构建多渠道**	**扎根接地气**
① 对海外市场和用户缺乏认知，因此难以判断哪些产品更有市场前景，值得大力投入。 ② "先行者"只知道哪个产品好卖，但不知道消费者是谁，为什么选择你，成功难以持续。 ③ "后来者"看到什么好卖就做什么，"同质化"和"价格战"的困难模式。 ④ 通过线上、线下、一手数据和二手资料指导企业有效制定产品匹配方案、价值方案和销售计划。	① 品牌体系，包括品牌视觉效果（VI）、品牌定位、品牌故事、用户界面（UI）、产品外观与包装等等。 ② 错误以为品牌是"外国名字+Logo"，导致品牌设计混乱、视觉标准错乱，色彩字体花里胡哨，海外用户觉得"土"。 ③ 缺乏关键的记忆锚点，品牌和品类关联弱。 ④ 不符合海外用户文化习惯，在引流转化方面表现也不好，流失了大量的潜在客户。	① 有的企业只做亚马逊，只能选择标准化、性价比高的产品，客单价很难上去。 ② 有的企业只在Google做投放，对海外"95后"（Z世代）用户的影响并不强，结果竞争对手通过TikTok等新兴渠道，提前"抢"走了年轻用户。 ③ 某个渠道的占比过大，一旦遭到变数，如"封号"、分销代理中止合作等等，企业就会面临"业务停摆"的风险。	① 大量出海企业"不接地气"。 ② 只能做到"懂语言"，做不到"懂文化"。 ③ 做不到海外用户的沟通与互动；要么在品牌展示、图片视频拍摄时，缺乏对当地审美的理解，结果只能对广告进行机械化调优，难以进行全方位的优化。 ④ 本地团队、本地文化、地道沟通，融入社区的团队在当地会更受欢迎，更容易收获用户的信任和好评。

图 1-4　中国企业出海的四大困惑

困惑一：如何选择产品以及出海销售的产品组合？

这是一个致命的问题：如果产品选择不当，会浪费大量资金，错失机会。

观察电动车、新能源车、服装以及移动储能等领域的海外竞争，会发现：都是中国企业在互相竞争。在这种情况下，应该如何预判产品策略？怎样才能跳出中国企业互杀的价格战泥潭？应该如何培育产品的长期竞争力？以及哪些产品能够帮助打开海外市场的第一个细分市场？

"如何选择产品"这个问题的本质是需要建立关于海外目标市场的市场知识和顾客知识，从而帮助选择产品并实现市场和产品的匹配。

困惑二：打造品牌优先还是卖货优先？

出海可能需要面对 C 端顾客，绕过原来的层层渠道，针对当地市场的消费者和终端渠道建立影响力、供货关系、理解用户、设计产品，最终形成品牌。

做不做品牌是一个战略性的决策。我的观点是：出海必须要做品牌。否则，你就安心做供应链底端的 OEM 供应商，挣取加工费和物料费用。

问题是：如何打造品牌？许多企业将品牌理解为商标、外国名字、设计精美的 Logo 和包装，他们认为这就是品牌。品牌视觉识别固然重要，但品牌是超越品牌视觉符号的。品牌需要有意义和愿景，带来独特的情感价值、信任价值和经济价值，为顾客带来永远讲述不完的情感与信任故事。品牌需要有传奇故事和粉丝，品牌要超越简单的视觉符号概念，将其纳入企业经营和承诺系统，我们将其称为"品牌体系"。

塑造成功的品牌，也许需要很长时间，但对于出海企业来说这是必行之路。

困惑三：渠道应如何运作？

如果没有分销渠道，即使企业的产品再好，也无法触达消费者。消费者看不到我们的商品就无法购买。因此，渠道是企业出海布局的重中之重。

许多企业出海是从亚马逊起步的。据说很多卖家视贝佐斯为财神，

"有人在咖啡馆为他立像，前置白酒与香炉，供卖家们参拜"①。然而，如果仅靠亚马逊这一个渠道，企业也会面临不小的风险。在亚马逊上，企业能够销售的货品大多是标准品，提供的核心价值更多是高性价比。这样的大众商品较难提升客单价，塑造品牌的难度也较大。在这种情况下，企业需要以亚马逊电商为"基本盘"，同时拓展更多其他在线渠道和线下渠道，触达更多不同细分市场的消费者，并且塑造品牌。

以美国为例，电商渗透率虽然有了明显提升，但美国仍旧是一个以线下渠道为主导的零售世界。企业要打造品牌，扩大在美国市场的销售收入并提高影响力，就必须考虑如何进入线下零售渠道。在这个过程中，需要积累很多当地的一手线下资源和运营诀窍。因此，做渠道是一项特别接地气、本土化的工作，需要扎根。

困惑四：国际化组织如何建立？

中国出海企业面临的一个很大挑战在于人才，归根结底在于组织的挑战，即如何构建组织。我建议大家因地制宜，从最小组织开始，扎根本土市场，一定要接地气，尽量多使用具有当地生活经验、当地教育背景和当地资源的员工。

在产品研发和财务方面，可以派遣中国员工，但在接触顾客、渠道、进行营销沟通的岗位上，尽量用当地员工，特别是售后服务岗位。只有扎根接地气，组织才能建立起来，消费者才会相信你。比如：我们不少

---

① 财经十一人：《火堆上的亚马逊》https://mp.weixin.qq.com/s/fo97d675ThebZryB9rs6Yg。

企业用的客户服务人员是在中国的外贸人员，他们懂语言但是不懂当地文化，导致客户服务效果较差。在下一节我们将详细介绍组织本地化的问题。

价值出海——新质生产力驱动下的出海营销升级

上一节提到的"四个困惑"将极大地影响企业为顾客创造价值的能力。企业的根本使命是创造价值，而卓越的价值是获取和保留顾客的关键。中国企业要在国际市场成功就必须创造超越竞争对手和现有产品的溢出价值。如何创造卓越的顾客价值？秘诀就在于制定和实施"价值出海"战略。"价值出海"战略是指中国企业的产品开发和产能全球化、品牌叙事全球化和本地化、渠道线上线下全链路融合、人才和组织的全球本地化，以及运营服务全球本地化、客户服务和售后服务本地化、资本金融国际化的一个阶段。

价值出海战略也响应了"新质生产力"的要求：产品从普通制造品升级为高价值科技产品，体现了新质生产力的高科技要求；从产品出海向品牌出海升级，重视品牌传播和情感营销，体现了高质量要求；渠道和促销从线下升级到全方位营销，以及组织的本地化、管理的数字化等，都体现了高效能的要求。

读者可能会说，做到产能国际化、渠道国际化、客户服务国际化，特别是人才和组织国际化，这是一个很漫长的过程。假如经营的是一个收入一亿元人民币左右的小型公司，或者作为一个天生全球化的创业公司，该如何在大的时代背景下抓住这种国际化的机会呢？

可以首先从产品高端化、品牌叙事化、渠道立体化和组织本地化来实施"价值出海"策略（见图1-5）。

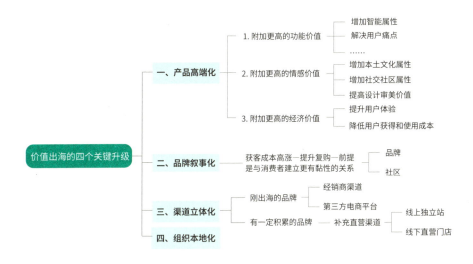

图1-5　价值出海的四个关键升级

一、产品高端化

产品怎么选？这要求企业同时了解中国供应链和海外市场需求，一方面要选择有成本优势的产品，另一方面要注意该类产品是否在当地市场有需求，最好还易于通过网络传播以及便于物流发货。

与主打低价走量来抢占市场的产品不同，企业通过提升产品附加值从而获得更高定价的方式，来获得溢价空间，从而抵御了成本上涨带来的利润挤压风险，不仅"活"了下来，还塑造了品牌资产。

比如安克创新的充电宝，与只能卖几十元的白牌充电宝相比，安克创新的充电宝凭借智能性和便携性可以卖到一百元以上。游戏厂商米哈游也通过高品质的游戏产品在全球打响了声量。在非洲市场，传音通过本土化研发创新，比如美肤算法、防酸涂层、超长待机、四卡四待、手电筒和 FM 收音机功能等，提供了更适合非洲用户使用的手机产品。

产品高端化的主要目标是为产品创造高附加值。它可以通过三种方式的组合运用来进行：

1. 附加更高的功能价值：比如增加智能属性、解决用户痛点等。

2. 附加更高的情感价值：比如增加本土文化属性、增加社交社区属性、提高设计审美价值等。

3. 附加更高的经济价值：比如提升用户体验、降低用户的获得和使用成本等。

二、品牌叙事化

出海推广经历了三波红利期，比如刚开始的电商平台站内广告、搜索引擎广告、直邮广告，再到大媒体平台比如 Google 和 Facebook 的买量红利，再到如今的社交媒体、自媒体、直播视频媒体的网红推荐红利。

在以往的流量逻辑下，与不刷单、不违规的白帽玩家（品牌卖家）相比，黑帽玩家常常采用店群模式，即开设多个店铺去销售同一款产品，来获得更大的曝光和交易机会。由于店铺注册需要身份信息，所以这类卖家在招聘员工时会要求上交身份证和户口本信息，签署"用其身份证所开的网店归公司所有"的承诺书。2020 年以来，这类卖家和刷单卖家开始被亚马逊大量封店。随着平台要求的逐渐严格，流量逻辑的获客成本越来越高。

以 2021 年 9 月亚马逊大规模封店开始（涉及 1000+ 公司，5 万+ 账号），出海企业逐渐认识到品牌的重要性。获客成本高涨，平台规则严格，唯有提升复购率才能获得一定的利润空间。而提升复购率的前提是与消费者建立更有黏性的关系。一方面，内容和社区成为提高黏性的重要路径。线上平台获客也开始从流量逻辑转变到内容逻辑，从即时转化到更加关注品牌沉淀。另一方面，企业开始认识到掌握消费者数据的重要性，争取直接触达消费者的传播和互动机会。

从传播内容来看，消费者越来越青睐叙事性的情感化表达方式。比如 YesWelder，作为焊机焊帽这样的"硬核"产品，在社交媒体上除了传播使用技巧等干货知识之外，它还在官网建立了焊接爱好者社区，讲述消费者自身的故事。生动化和具象化的表达方式不仅有效传达了产品价值，还拉近了品牌与消费者之间的距离。

不少中国出海企业希望把"源于中国"这件事情放大，讲述中国故事，在公司官网和独立站上面都把来自中国作为重要特色来突出。如果你的产品主要面向海外华人，那么这样做无可厚非。然而，如果你的产品主要市场是海外顾客，那么更有效的做法是"生而全球化"的故事和愿景。企业并不需要过多地强调中国属性而是重点突出产品卓越性能以及性能带来的利益和体验，产品的故事，品牌的故事，用本地语言和文化去融入当地人的生活和工作，真正抱着国际化的心态和品牌形象去服务海外消费者。

OPPO 在出海早期就致力于打造具有跨文化叙事能力的国际化品牌，

它没有强调自己的国家属性，而是在欧洲、印度、东南亚、北非都建立了企业的"能力中心"，研究当地的行业趋势，洞察消费者需求，推动本地化的研发、合作和经营。它采取的就是全球本地化的策略：品牌国际化、运营本地化。

因此，品牌故事、品牌形象、品牌内容设计都要体现国际化和本地化，与当地消费者建立情感化的联系，而淡化原产国概念，这样企业可以更好地服务本地消费者。真正的品牌国际化，首先是企业心态和视角的国际化，要真正成为一个全球性品牌，就必须用当地的语言、文化背景、叙事方式来呈现产品。

三、渠道立体化

处于不同阶段的出海企业需要采用不同的渠道策略。

对于刚出海的品牌，由于对国外市场和消费者都缺乏了解，一般是通过经销商渠道拓展市场，或者上线第三方电商平台（见图1-6），借助外部力量进行创新产品破冰和产品销售测试。

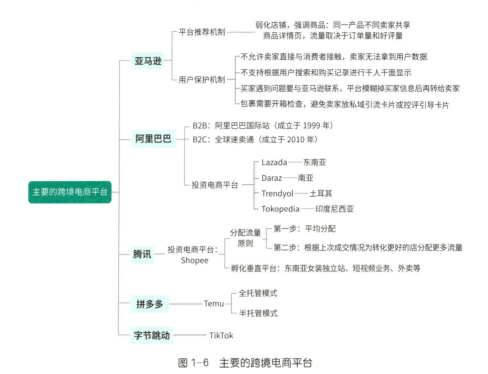

图 1-6　主要的跨境电商平台

而对于有了一定积累的品牌来说，为了避免单一渠道的风险，或者为了发展品牌影响力、直接接触消费者等目的，会补充直营渠道，比如线上的独立站、线下的直营门店等，虽然投入较大、拓展较慢、获客成本较高，但对于品牌塑造和提升复购率（获得用户数据进行再营销）有着长期价值。

值得一提的是，与国内的淘宝不同，在亚马逊上，卖家无法与消费者私下联系，不支持卖家获取用户相关数据；平台推荐逻辑弱化店铺，强调商品，同一产品的多个卖家共享同一个商品详情页，只有销售额最高或权限最高的卖家可以编辑详情页，其他卖家则折叠显示。

企业要真正成为一个国际性品牌，就必须要考虑进入线下渠道。

科特勒咨询的客户之一创想三维是全球消费级 3D 打印行业的头部企业，它在线上渠道做得很不错，在全球已经是亚马逊消费级 3D 打印赛道的第一名，但是未来增长的速度、深度和天花板，已经不取决于线上增速，而取决于它能在多大程度上覆盖到线下渠道，能够深耕、渗透到更多的消费级 3D 打印的新增用户。因此，创想三维在 2022 年就下定决心深耕线下渠道。

当然，做线下渠道会面临很多挑战。

比如：线上线下经销商的利益该怎么平衡？ 产品需要如何调整来区分和响应线上线下人群的需求差异？在品牌识别方面，线上"产品详情页"和线下"产品外包装"所需要体现的侧重点也不尽相同。不同国家的入市规范也不尽相同。

企业需要系统地去了解渠道的需求、线下消费人群的需求和购买方式，来设计整体新的服务能力，货盘、包装、品牌、产品甚至分销的模式，这是一个非常有挑战的工作。

其中，退换货规则、零配件、维修和客服是非常重要的。 在美国市场是可以无理由退货的，有不少电子类产品退换货率超过 30%，这个时候企业的退货成本和维修成本是很高的。因此在美国的企业就要考虑自己该怎么样去布局维修中心、配换货中心等，这些都是非常重要、不可绕开的议题。

除了线上电商渠道与线下零售渠道的组合匹配，开拓其他细分垂直渠道也是品牌破圈的关键。比如创想三维，将目标消费者定位于几个不同的垂直领域——玩机、手办、教育机构、打印农场①等不同细分市场，从而反推渠道组合，取得了不错的效果。

四、组织本地化

不少企业在国际化的过程中，在海外建立了运营中心。运营中心到底该发挥什么样的作用？关于海外企业管理，我把企业家们关心的问题总结了一下，有以下这些问题：

（1）站在全球政治经济变迁的大格局下，海外市场具备哪些战略性价值？以新加坡为代表的东盟市场以及美国市场，其中有什么样的战略性价值和商业机遇？

（2）国际区域总部和相关的产能基地该怎么布局？在布局过程当中，成功的因素到底是什么？它和总部的关系是什么？市场拓展和当地人力资源策略应该是什么？

（3）在中国基地市场，中国总部该如何对国际市场竞争、供应链、客户去进行管理和协同？

（4）国际区域总部应该具备什么能力？它要发挥的核心作用是什么？如何考核？如何去跨文化构建企业组织能力？

为了解答这些问题，我给读者分享一个真实案例。这家企业在新加

---

① 打印农场：创业者购买大量 3D 打印机，把设计文件发给机器，装上耗材，及时取下成品以获取收益的商业模式。2023 年下半年以来，受萝卜刀等爆火的 3D 打印玩具催动，大量创业者开始投资"建厂"。

坡设立了区域总部，该总部发挥五大能力中心的作用（见图1-7）：产品开发和孵化中心、交付履约和资本中心、人才培养和储备中心、客户开发和情报中心以及数据和计算中心。

图1-7　中国某 SaaS 企业国际营销能力中心架构

第一，产品开发和孵化中心。利用人才、数据、顾客洞察的优势为海外市场不断孵化和迭代全球化产品。

第二，交付履约和资本中心。在当地融资，并将海外业务的一部分利润留在新加坡，从而使企业的海外扩张不用再靠国内总部钱款支撑，构建了海外融资扩张的资金基地。

第三，人才培养和储备中心。这家企业不但可以在当地招聘具备语言能力的人才，同时还可以逐步培养他们成为具备商务能力、技术能力的人才，将来为品牌的全球拓展不断输送人才。

第四，客户开发和情报中心。因为同为英语欧美法系，大家容易建立起文化上的沟通和信任，在这里开发全球客户、进行客户服务，进行市场情报的分析，市场调研就变得非常方便。

第五，数据和计算中心。由于各个国家对数据和信息的合规要求不同，除了中国作为母基地的核心的数据信息中心之外，新加坡这个中心还成为重要的数据备份中心和计算中心。

也许这个案例可以给读者一些组织本地化上的启示。

> 出海对于中国企业来说，并非一个口号或简单的贸易过程，而是具备扎实的增长来源、增长动力、底层逻辑和系统打法的过程。

第 2 章

4R+1P——价值出海方法论

4R+1P
价值出海营销战略屋

　　自 2001 年起，我就开始带领科特勒咨询团队服务中国领先的出海品牌企业。此外，我还在 2022—2024 年带领团队，先后奔赴北美、欧洲、日韩和东南亚地区，走访了全球知名大企业、创业公司、创业投资公司、全球广告平台、线上电商平台、线下零售商、第三方服务商、银行、律所、会计师事务所、高校等涉及品牌出海的各种类型的组织，探访大量品牌门店，并访谈相关企业高管、投资人、专家学者和网络红人等（见表 2-1）。从海外公司的成立、团队搭建到如何调研选品和塑造品牌，如何推广和铺设渠道，再到如何获取法律和资金支持、如何处理税务问题等，都获得了大量一手资料，这些内容对中国企业制定有效的价值出海战略和实操方法极具启发性和指导性。

表 2-1　科特勒出海研究走访的部分企业和高校以及参加的会议和活动

走访企业类型	企业名称	企业所在行业	相关高管 / 专家访谈分享
科技公司	Apple	智能硬件	创意设计总监
	Google	互联网	VP 副总裁和北美智能 AI 广告专家
	阿里云	云计算	总经理
	Meta	科技	部门负责人
	PTC	人工智能及软件	CMO/CTO
	Vision Group	AI 系统	CEO
	Traini	AI+ 宠物训练	创始人
媒体公司	Forest Dream	数字媒体及电商	CEO
投资孵化平台	Techstars	创业投资	总经理
	Plug and Play		创始人 / 投资 SVP/ 资深总监
科技孵化平台	剑桥创新中心	科技	高管及多名企业家
线上电商平台	亚米网	互联网	创始人
	Maybe Mars	食品电商	CEO
线下零售商	Furniture of America	零售	总经理
银行	硅谷银行	金融	亚洲区负责人
	摩根大通		负责国际业务和财富管理的副总裁

续表

走访企业类型	企业名称	企业所在行业	相关高管/专家访谈分享
律所	Magstone 律所	法律	管理合伙人
会计师事务所	UHY 会计师事务所	税务	税务负责人
	KPMG	会计	高管
高校	伯克利	科技和商业教育	Naeem Zafar 教授
	南加大		Next 2 Market 美国企业战略顾问
	斯坦福		硅谷著名人工智能专家、斯坦福大学 Ronjon Nag 教授
	哈佛商学院	商业教育	主任
	麻省理工媒体实验室	跨学科研究中心	教授
大师交流	科特勒咨询集团首席顾问、"现代营销学之父"菲利普·科特勒教授，凯文·莱恩·凯勒教授，张曙光教授，朱峰教授，曹虎博士授课		
闭门会议	全球化时代企业国际策略、经济趋势及增长研讨会；北美出海企业趋势圆桌闭门会议		
第三方服务商	Ateam	物流服务和市场拓展解决方案	创始人
	D&H	供应链管理及销售	高管
	TÜV SÜD	技术检验	高管
	AIC Motorsports	运动电动单车品类的集合品牌服务商	CEO 和副总裁

续表

走访企业类型	企业名称	企业所在行业	相关高管 / 专家访谈分享
政府单位	新加坡经济发展局	国家经济发展	负责人
探访品牌门店	Allbirds、Casper、Patagonia、REI、Segway、Lazara、创想三维、Tesla（Solar power）、Eye Candy		
KOL 访谈	好莱坞的百万级 KOL、红人、经纪人、影视制作人		
大型国际会议	Gair 全球人工智能与机器人峰会、2023 ASEN 东盟营销峰会		

　　在多次出海研究归来之后，我们对获取的所有音视频资料和图片进行细致整理，结合科特勒的理论体系和我们服务咨询客户的实际经验，**最终推出了兼具方法论与实操落地性的"4R+1P——中国企业国际营销战略屋"（见图 2-1）和"品牌出海五步走"行动路径表（见表 2-2），帮助中国企业开启从 0 到 1 的品牌出海之路。**

中国企业国际营销要点

市场战略与增长战略

出海模式，国家市场，竞争优势，
增长来源（结构性和战略性），组织架构和人才

R1：识别潜客	R2：触达顾客	R3：构建关系	R4：持续盈利
识别和洞察潜客	**产品和传播触达**	**构建长期关系**	**顾客成为增长杠杆**
通过线上、线下、一手数据和二手资料对潜在顾客的静态特征、需求特征、价值主张、购买模式、购买标准、采购时机、决策模式等进行全方位了解，从而指导企业有效制定产品匹配方案、价值方案和销售计划。	**根据顾客洞察制定有效的触达方案，包括：** ·产品触达：渠道模式，渠道布局，增值伙伴，直销KA团队 ·传播触达：内容策略，媒介和活动策略	**建立跟潜在顾客和现有顾客的价值关系而不是交易关系** ·从产品售卖到顾问和解决方案 ·前置创新和联合研发深度整合顾客业务 ·长期订单	**随着顾客的成长而成长** ·伴随性国际化 ·构建国际本土化的"垂直一体化"服务能力 ·扩大顾客的钱包份额 ·从产品到解决方案到 PAS[①]

主要策略

1.产品策略和管理   2.定价策略和管理   3.渠道策略和管理   4.品牌和传播管理
5.顾客开发和管理   6.商机管理   7.销售预测   8.投标管理
9.售后服务   10.订单管理   11.信用授权管理   12.利益相关者关系维护

国际化营销组织的 5 个核心职能

P：数智化基础平台

图 2-1   4R+1P——中国企业国际营销战略屋

---

① PAS：Product As Service，产品即服务。

表 2-2 "品牌出海五步走"行动路径表

<table>
<tr><td rowspan="8">明确出海目标</td><td colspan="3">明确出海战略目标</td></tr>
<tr><td>品牌</td><td>销量</td><td>其他</td></tr>
<tr><td colspan="3">进行调研，摸清不同国家市场特征和需求</td></tr>
<tr><td>宏观市场调研</td><td>行业情况</td><td>消费者情况</td></tr>
<tr><td>政策风险、地方文化、社会习俗、GDP、人口结构、物流基建等</td><td>市场规模、增长情况、利润率、数字渗透率、竞争形式、配送商等</td><td>消费者画像、需求、消费力、主流渠道、媒介偏好、支付偏好等</td></tr>
<tr><td colspan="3">确定出海的目标国家市场</td></tr>
</table>

<table>
<tr><td rowspan="10">制定产品战略</td><td colspan="6">选市场：细分市场、确定目标市场、定位</td></tr>
<tr><td colspan="3">洞察细分市场需求</td><td colspan="3">定位和差异化价值</td></tr>
<tr><td colspan="3">• 采集数据——测算消费者态度、生活方式、价值观
• 参与式观察——理解顾客使用场景、使用动机
• 角色投入式倾听——挖掘顾客对产品的内在需求</td><td colspan="3">• 创造产品或服务的差异化：使用场景、美学设计、售卖方式、主价格带等
• 这种差异化与目标消费人群相关且对其有价值
• 这种差异化反映了品牌定位</td></tr>
<tr><td colspan="6">定产品：综合考量 + 构建 PMF</td></tr>
<tr><td colspan="4">综合考虑四元素</td><td colspan="2">构建 PMF
（产品与市场匹配）</td></tr>
<tr><td>自身优势</td><td>竞争对手</td><td>市场需求情况</td><td>社媒倾听</td><td>找到客户期望的边界</td><td>群组分析</td></tr>
<tr><td colspan="6">配价格：定价综合考虑五要素</td></tr>
<tr><td>核算成本</td><td>品牌形象</td><td>产品库存</td><td>淡旺季</td><td colspan="2">竞争对手的价格变动</td></tr>
</table>

续表

	线上渠道		线下渠道		
	电商平台	DIC独立站	经销商	大型连锁商超	品牌门店
构建渠道策略	• 优势：适合刚出海起步的企业、流量大 • 劣势：企业拿不到更多数据、平台的产品逻辑不利于做品牌、可控性小	• 优势：可以拿到更多消费者数据、有利于建立品牌和复购、可控性强 • 劣势：起步慢、获客成本高	• 优势：适合不熟悉海外市场但想快速铺开市场的企业 • 劣势：无法直接触达消费者	• 专业中间人协助	• 加盟店 • 直营店
	全渠道渗透				
	全渠道渗透注意事项			避免不同渠道直接竞争	
	战略规划	产品渠道适配度	渠道冲突	品牌形象	降低消费者的"比较可能性"：改动品牌名称、产品型号、产品设计、服务等级等
品牌入市策略	**品牌打造**				
	国际品牌打造		友好型品牌四要素		
	品牌五大核心原则：可信、相关、可被接受、叙事驱动、差异化	本土友好	环境友好	用户友好	利益相关者友好
	整合市场推广				
	线上推广和内容营销		线下推广和活动营销		
	邮件营销、大平台推广、电商平台站内推广 网红营销、大平台以外的媒体联盟＋程序化广告交易平台		参加展会、进行活动赞助、线下广告、其他推广方式：校园大使		

续表

注册公司与初始团队搭建			
注册公司基本流程		品牌出海的"最小组织"模式和组织升级	
建立物流和售后服务能力	获取资金支持	构建法务支持体系	做好税务筹划
产品进口前置工作 产品物流 售后服务	贷款 融资 VC①的关注点	进出口 劳动用工 企业并购	公司注册 税务条约 公司上市

（表格左侧竖排：构建组织能力）

　　首先，"4R+1P——中国企业国际营销战略屋"将为读者提供一个系统、完整的思考框架，包括构建和思考出海战略、战术以及如何落地。表 2-2 完整地描述了中国企业出海需要考虑的要点以及其间的逻辑关系。

　　在市场战略和增长战略方面，针对不同级别的市场，企业需要考虑出海模式、国家市场、竞争优势、增长来源（结构性还是战略性）以及组织架构和人才这五个核心要素。

　　出海模式主要分为国际贸易方式的产品出海、跨文化的品牌出海、构建国际生产能力的产能出海，以及带动产业生态的产业出海等不同阶段的模式。在确定出海模式之后，企业要根据自身竞争优势以及不同国家的政治、经济、文化风俗、市场规模、增长潜力以及消费者需求等因素，来确定要进入的目标国家市场。然后，制定以"产品、顾客和渠道"为核心的结构性增长策略，以及来自"商业模式和品牌定位"的战略性增长策略。最后，企业要为自己的出海战略配备对应的组织架构和人才队伍。

---

① VC：Venture Capital，风险投资。

　　价值出海战略响应了新质生产力的要求。首先，新质生产力强调通过"新"科技提升"质"，这与中国企业出海提升产品品质、通过数字化转型提升效率的路径具有一致性。其次，新质生产力注重企业内部的管理和创新能力，以及"以用户为中心"的服务理念。结构性增长就是以顾客为核心，围绕顾客需求构建"顾客中心型"组织能力。最后，新质生产力也在为企业出海赋能。比如新质生产力中提到的敏捷柔性供应链，能够帮助企业更好地适应海外市场的多变需求和长交付周期，从而实现高效灵活的生产和供应链管理，提升企业的存货周转率。

　　在确定战略之后，我们才可以进一步考虑战术性问题。战术性问题由"4R 任务"和"支撑性策略"两部分构成。4R 任务分别指的是：R1（Recognize）、R2（Reach）、R3（Relationship）和 R4（Reward）。

4R 是指 R1（Recognize）、R2（Reach）、R3（Relationship）和 R4（Reward）

R1（Recognize）识别潜客

　　R1 的核心是 STP（市场细分，目标顾客选择和定位）。在科特勒经典营销体系中，STP 是至关重要的。在选定目标国家之后，企业需要完成四项重要工作：建立市场知识（市场细分），识别顾客（目标顾客选择），了解产品竞争情况以及顾客价值变迁趋势（定位）。准确地识别潜在顾客是谁以及他们的真实需求是企业做选品决策、产品与市场匹配、产品卖点提炼、产品包装设计以及制定产品价格策略的基础。R1 也可以成为"战略营销"，它是后续所有营销策略的基石和方向。

R2（Reach）触达顾客

触达顾客包括产品触达和信息触达。产品触达的目标是让产品卖得出、消费者买得到，主要通过直销、分销、线上投流等方式，这是渠道策略；信息触达包括如何将内容营销信息传播给消费者，帮助他们建立品类和产品购买标准，塑造品牌认知和品牌感知。因此，触达顾客本质上是渠道策略与传播策略的组合。

R3（Relationship）构建关系

在新质生产力时代，成功的营销不仅仅是把产品卖出去，还在于持续地让客户购买；从过去的一锤子买卖到现在的顾客长期价值经营，这背后的驱动力是"关系营销"。

出海企业该如何构建关系呢？企业需要制定清晰的顾客价值经营策略：1.建立顾客信息系统，加深对顾客差异化需求的识别和理解，从而可以提供差异化的服务。2.构建顾客增值服务机制：这包括了通过服务让顾客更好地使用产品；组建顾客社区让顾客交流和互相服务；积分体系让顾客的成长行为（复购和推荐）获得奖励；产品服务化（PaaS）提升顾客的转换成本和黏性。3.内容营销和品牌建设：通过不断地为顾客提供"有用，有趣，有关"的信息提升顾客对企业的信任，通过品牌传播让顾客形成对品牌的依赖。

可以说，营销的本质就是构建长期有价值的互利关系，而长期关系来自信任，信任有三个层次：能力信任、诚实信任、善意信任。打造信任是中国出海企业的长期工作也是强大护城河。

R4（Reward）持续盈利

企业需要不断迭代和优化营销 4Ps[①]，从单一产品和单一渠道的"聚焦"模式逐步升级到多渠道融合和多 SKU[②]产品组合的生态化发展，最大化触达新客户，深度经营现有客户的价值（复购、升级购、交叉购、推荐客户等）。

1P 是指平台（Platform）—— 具体包括组织平台和智能化业务平台两大类

出海组织平台是指公司的企业文化、组织架构、责权分配、职能设计、岗位设计、岗位任职资格和业务流程的总和。出海企业必须建立清晰而独立的组织才能把出海战略落地。

出海的组织模式有很多种，不同组织模式的选择取决于以下几个核心因素：1. 公司业务类型的差异（B2B，B2C 和 B2G）；2. 公司商业模式的差异（贸易、电商、全渠道、产能和品牌出海）；3. 公司资源和

---

① 4Ps：产品（Product）、价格（Price）、推广（Promotion）、渠道（Place）、策略（Strategy）。
② SKU：Stock Keeping Unit，库存量单位。

能力（业务复杂度、信息科技应用水平、内部资源和文化）；4.公司所在行业的竞争速度和合规要求（快速变化、稳定少变、垄断）。因此，组织模式没有统一的标准，以适用和高效为准。我们建议企业可以从最简单的出海组织做起，即"最小出海组织"，不断地迭代和发展成为成熟组织。

一般来说，出海企业的组织会经历以下几个阶段：1.最小组织阶段。公司内部小组或部门人员在本土，大量工作职能直接外包，如：现在大量的跨境电商和厂家出海组织。2.工作流外包组织。公司开始逐步建立了完善的出海职能，把部分工作流外包，如：初具规模的出海品牌，创想三维。3.总部领导的海外公司。成立国家公司和大区公司，主要发挥营销和服务功能，人员在海外，如：规模性企业，宇通客车。4.事业部为核心的矩阵化国际组织。建立的事业部和海外国家公司的矩阵体系，产品设计和产能都在海外市场布局，产品和营销矩阵化管理，如：大中型国际品牌，龙腾出行。5.总部赋能下的全球组织。总部提供战略、资金、人才和能力平台，各个区域和事业部既相对独立又协同发展，共享关键业务资源如品牌、技术、渠道、融资等，如：大型全球性品牌，OPPO。

组织模式虽然复杂多变，但是读者要记住：组织的目的就是更高效地进行市场价值交换。因此，设计高效的出海组织必须秉承以顾客价值为中心的底层逻辑。图2-2就是我们思考营销组织设计的一个思维框架，希望对你有启发。

构建以顾客为中心的组织					
我们是否给营销分配了足够的资源	我们是否投资于营销能力	我们是否拥有以顾客为中心的文化	我们是否围绕顾客需求进行组织	我们的流程是否使战略运转顺畅	我们是否拥有以顾客为中心的战略
是否了解营销指标的作用	是否持续投资于了解顾客需求	使命或愿景是否以顾客为中心	是否整合组织以满足客户需求	新产品开发流程	是否明确定义目标市场
是否定义了营销指标	是否以营销流程为标杆	顾客声音是否体现在战略规划中	是否将顾客需求与员工行为连接起来	订单完成流程	每个目标市场是否有差异化的价值曲线
是否进行试验来验证 ROI	是否在提升员工营销技能方面进行了投资	高层管理者的行为是否体现了以顾客为中心的宗旨	是否按照顾客标准对员工进行奖励	顾客关系流程	价值曲线是否被证实有效
是否有针对不同营销组合的分析方法	顾客的数据库是否有助于更好地服务顾客	是否存在强化以顾客为中心的符号	是否授权一线员工解决问题		是否在关键细分市场定位有效
		顾客至上是一种普遍认同的规范吗	组织内是否有反馈顾客问题的系统		价值网与目标市场价值曲线是否一致

图 2-2　构建以顾客为中心的组织

　　简单说一下智能化业务平台，在新质生产力浪潮下，全球商业都在数字化转型中：电商、社交媒体、线下渠道、顾客行为等都在数字化。这给了中国企业出海巨大的优势，因为，中国企业在应用数字化和智能化技术方面是领先全球的，有大量的优质商业智能化软件和 SaaS 系统可以使用，有大量优质的数智化商业系统可供供应商选择。出海企业需要把这些中国智能化优势转化为自己的高效业务系统优势，比如：出海企业需要尽快构建顾客识别和业务的端到端的智能化流程，需要智能化的内容营销制作和品牌投放协同，需要销售线索和顾客关系的打通等。

　　"4R+1P——中国企业国际营销战略屋"（图 2-1）是抽象的框架，这个框架将帮助企业查缺补漏和系统化构建自己的出海战略和核心能力，解决具体问题。因此，请将这张图放到企业的实际情况中去思考如何运用它。

　　在"4R+1P——中国企业国际营销战略屋"之外，为了帮助读者明确出海营销具体步骤，在接下来的内容里，将重点介绍"品牌出海五步走"的具体行动内容。

出海营销第一步
——明确出海目标 ①

在推动新质生产力发展的过程中，需要明确科技创新、产业升级、市场拓展等方面的具体目标。品牌出海的第一步是要明确出海目标。在这里，出海目标有两层含义：一是出海的目的是什么；二是出海的目标国家有哪些。为了回答这两个问题，企业需要进行战略聚焦和外部调研，去摸清自己内部的需求和外部市场的需求，并且在接下来的几步中对二者进行匹配（见图 2-3）。

---

① 本节数据来源：万里汇、科特勒实地访谈。

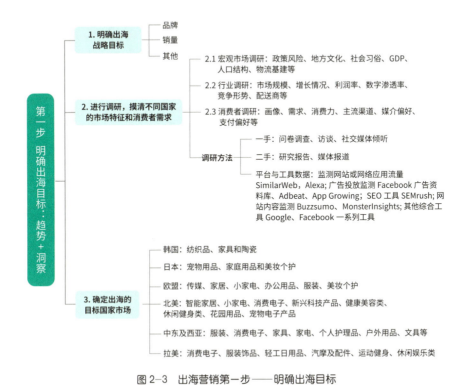

图 2-3 出海营销第一步——明确出海目标

一、明确出海战略目标

海外市场对于中国企业来说，不仅意味着更多的消费者，还意味着打造国际品牌的更大空间。

有些企业选择先出海做品牌，然后重返中国市场。在国际市场环境中历练过的组织能力和营销能力，使品牌拥有更大的势能，从而使得渠道拓展和传播推广得以事半功倍。同时，也有些企业仅仅将海外市场视为产品销售的目的地，以此提振销量。

二者并没有优劣之分。但值得注意的是：优先做品牌和优先做销量的打法是不一样的。明确的目标有助于企业更有效地分配资源，根据目标确定需要投入的人力、物力、财力等资源，也有助于企业识别和控制风险，并评估自己的出海效果。

在我们访谈谷歌①的时候，谷歌副总裁和北美智能 AI 广告专家强烈建议：想要出海的企业要学会借助专业机构协助和规划，一定要首先明确跨境出海的战略目标——是做品牌还是做销量？在确定战略目标的基础上，再选择地区、市场和进入路径，并且通过运营使多个市场之间相互影响和促进。新消费品牌出海有三大意义：商业需求、品牌需求、格局认知。商业需求就是找到更多的消费者；品牌需求是借助海外市场达成品牌增长第二曲线和有价值的品牌延伸；格局认知意味着企业关注重点重新回归到品牌的核心价值上。

物流服务和市场拓展解决方案提供商 Ateam②创始人建议新产品（白牌）进入美国市场不能只考虑供应链能力，还需要思考：来美国的原因是什么？为什么进入美国市场？很多企业会以对标的形式，称自己的产品比目前市面上的产品更便宜，所以以低价方式进入市场。这里忽略了在美国经营的隐性成本，比如视频、网红带货、广告、运费、税、退货、客服、售后投入等，这些成本在美国是很高的。

---

① 谷歌专注于搜索引擎、在线广告、云计算、软件开发和硬件开发等领域。谷歌搜索作为全球最大的搜索引擎，可以为中国企业提供接触全球用户的平台；Google Ads 和 Google AdSense 等广告服务，帮助企业在海外市场进行线上推广和品牌宣传。此外还有谷歌云平台（Google Cloud Platform）、谷歌分析（Google Analytics）、YouTube 等产品和平台。

② Ateam 属于物流和供应链管理行业，专注于为企业提供国际运输、仓储、配送以及市场拓展服务。具体包括国际物流服务、供应链管理、市场拓展咨询、跨境电子商务解决方案、定制物流服务和仓储以及配送等。

二、进行洞察研究，摸清不同国家的市场特征和消费者需求

在明确出海战略目标之后，企业需要进行市场洞察研究，摸清不同国家的市场特征和消费者需求。调研主要包括宏观市场调研、行业调研和消费者调研三大类。

（一）宏观市场调研

调研应包括该国家或地区的政策风险、地方文化、社会习俗、GDP、人口结构、物流基建等维度。在习俗文化方面，因为不了解或不重视当地文化，曾经发生过大量的品牌负面案例，比如"立邦漆滑落中国龙"广告① 等。

（二）行业调研

行业调研应至少包括企业所在行业的市场规模、增长情况、利润率、数字渗透率、竞争形势以及配送商等信息。一般来说，具有以下特征的

---

① 本处指的是 2004 年 9 月立邦漆刊登在《国际广告》杂志的平面广告。画面展示了一个中国古典式的亭子，亭子的两根立柱上各盘着一条龙。左立柱色彩黯淡，但龙紧紧攀附在柱子上；而右立柱色彩光鲜，暗示使用了立邦漆后的效果，但龙却跌落到地上。广告创意是想通过夸张的手法来表现立邦漆的光滑特性，即油漆能使木器表面变得如此光滑，以至于连龙都无法攀附。然而，这则广告在网上掀起了轩然大波，许多人表达了他们的不满和担忧。龙作为中国的象征和图腾，在中国文化中具有极其重要的地位。广告中龙的跌落被视为对中国文化的不尊重，甚至被一些网民认为是对民族情感的挑衅。

行业更值得出海企业和投资人关注。

高毛利： 能够提供至少 4 倍加价率的产品，毛利率 60% 以上。比如设计类产品、健康类产品等。

高复购： 能够实现一年 3 次以上复购，即获客后用户能够多次消费，实现高 LTV[①]。比如美妆、服装、打印机等。

低货损： 在运输和包装过程中产生的物流费用和货损率较低。比如纸艺术品、橡胶产品等。

专注于宠物领域 AI+ 宠物狗训练的新生代创新企业 Traini 洞察发现，美国宠物行业有 1000 多亿美元规模，驯狗市场在美国比较成熟。中美两地文化不同，中国"宠物主人"居多；美国"宠物父母"居多。宠物行业的情感溢价加大，促进了宠物消费需求的激增，其中宠物保健品品类在不断增长。此外，宠物人格化的趋势也催生了宠物训练的需求。

（三）消费者调研

分析消费者画像，了解其需求、消费力、主流购买渠道、媒介偏好以及支付偏好等信息。不同国家或地区的消费者偏好都有所不同。比如泰国市场，由于当地天气炎热，相对于其他功能，消费者对于汽车的空调和冰箱冷藏功能尤为关注。因此，在进入泰国市场时，长城汽车没有急于打价格战，而是通过成立泰国用户委员会，邀请用户代表参与品牌

---

① LTV：Life Time Value，生命周期总价值。

社群运营、品牌战略和产品规划等方式①，来满足当地消费者需求。

　　从中国市场走向海外市场，企业必须关注文化差异和用户需求，比如一些协同办公软件，在国内的竞争红海中，为了获取市场，往往会根据企业需求进行深度定制化，不断叠加服务，产品追求大而全。但是海外市场却更加青睐小而美的产品。太过复杂的产品不仅拉高了企业的研发成本，也会提高客户的学习成本。

　　以上所介绍的是地理差异导致的消费者需求差异。但是在同一个国家市场，消费者需求也会随着时间和情境变化而发生变化。家具品牌和零售商 Furniture of America 发现，新冠肺炎疫情期间，客户购买家具的渠道转变为线上，但线上的客户体验并不好。因此，新冠肺炎疫情过后，客户逐步回到实体店购买，大约 80% 的客户希望在实体店购买。因此，建议体验感特别强的产品要注重线下渠道。Furniture of America 每年都安排大量人员通过线上评论、线下展览、线下门店调研等方式获得顾客反馈，从中发现市场需求，并把需求给到设计部门，以优化和迭代产品。

　　做营销调研的时候，我们希望通过数据观察和理性决策，让现象学和对生活的感知结合，帮助经营者穿透现象深度理解：自己到底卖给消费者的是什么？到底在做的是什么生意？穿越产品、穿越品类进入场景，找到真正的需求和渴望。今天市场竞争的原点来自顾客，终点也要回归到顾客。如果没有创造力，没有对人的关怀和对人类生活的理解，数据反而会误导和限制人，导致产品平庸化。

---

① 霞光社：《中企出海与新全球化浪潮：深水区、新挑战与同行者》https://mp.weixin.qq.com/s/tVu3VAwZ-Z6ZfN717rW57A。

调研方法如下：

1. 一手：问卷调查、访谈、社交媒体倾听等。

2. 二手：研究报告、媒体报道等。

3. 平台与工具数据：

　　监测网站或网络应用流量：SimilarWeb、Alexa；

　　广告投放监测：Facebook 广告资料库、Adbeat、App Growing；

　　SEO 工具：SEMrush；

　　网站内容监测：Buzzsumo、MonsterInsights；

　　其他综合工具：Google、Facebook 一系列工具。

三、确定出海的目标国家市场

在针对不同国家市场进行调研之后，我们需要确定出海的目标国家市场。

以往，企业出海主要选择发达国家和地区，比如市场成熟、消费力强、法律法规和营商环境比较完善的美国、日本和欧盟国家。但是近 20 年来，中国企业开始关注到以"一带一路"为代表的新兴市场的经济潜力，比如：金砖国家（巴西、俄罗斯、印度、南非），东南亚、拉美、中东等地区。这些国家和地区经济增长迅速，具有庞大的人口基数和消费潜力，而且劳动力成本较低（见表 2-3）。快手早在 2016 年出海时就将巴西作为首站。

表 2-3　企业出海代表性国家或地区的市场优势、

市场风险和挑战及消费者偏好

国家或地区	市场优势	市场风险和挑战	消费者偏好
美国	巨大的市场规模和消费能力	严格的知识产权保护和法规遵守需求	关注环保、企业社会责任、用户隐私和数据安全，品牌忠诚度较高，喜欢个性化产品
印度	快速增长的经济和庞大的人口基数	复杂的税收体系和地方保护主义；文化多样性，不同地区有各自的语言和消费习惯	价格敏感性、以家庭需求为主、喜欢创新产品
德国	高度发达的经济和高人均收入水平	对环保和可持续性有较高标准	对产品质量和性能有严格要求
巴西	经济规模较大，人口年轻化（平均年龄 33.8 岁），互联网普及率高达 86.6%[①]	复杂的税收和法规环境（联邦、州和市三级政府都可以征收消费税）；地缘政治风险和社会治安问题	价格敏感性、要求高性价比、喜欢新鲜有趣的产品、关注环保和数据安全
东南亚	快速发展的经济和年轻的人口结构（菲律宾人口平均年龄 25 岁、越南 30 岁[②]）	各国之间经济发展水平、文化习俗和消费习惯存在差异；市场监管不成熟、知识产权保护问题	价格敏感性、要求高性价比、本地化、多种支付方式

① 以上均为 DataReportal 2024 年 1 月数据。

② 以上为世界银行 2022 年数据。

当然，新兴市场也存在一些与发达国家市场不同的风险和劣势，比如：基础设施较差，法律和监管不完善，经济动荡，汇率金融体系波动性大甚至是社会安全方面的人身风险等问题。中国建筑股份有限公司曾经在非洲开展电力项目合作，但是由于部分非洲国家存在主权信用评级不高、营商环境较差、政权更迭频繁等问题[①]，给项目运营带来了很大的不确定性，尤其是电力供应的稳定性问题，可能会影响项目的正常运作和收益回报。一些东南亚国家的市场监管体系不够成熟，也可能导致不公平竞争，中国企业在这些市场可能遭遇知识产权保护不力、合同执行难度大等问题。比如小鹏、知豆、雷丁、丽驰、智车优行、御捷6家新能源汽车公司的15枚商标就曾在印度、印度尼西亚、菲律宾3国被提前抢注[②]。

企业可以根据国家市场调研成果与自身优势和需求进行匹配，从而选择适合进入的目标国家市场，同时关注当地法律法规，做好风险监测和预警。

值得注意的是，不同国家消费者对中国出海品类的需求强度也具有一定的差异性（见图2-4）。

---

① 世界资源研究所：《中国能源援助能否照亮非洲电力可及之路》https://wri.org.cn/news/china-energy-aid-enlighten-africa-electricity-future。

② 东博社：《出海东盟 中国企业需做好"知识产权布局"大文章》https://www.sohu.com/a/456190143_402008。

图 2-4　中国企业出海市场需求的分布情况 [①]

比如同为东亚地区，韩国市场上中国的纺织品、家具和陶瓷更受欢迎，而日本消费者更喜欢中国的宠物用品、家庭用品和美妆个护产品。

在欧盟国家，来自中国的传媒、家居、小家电、汽车、办公用品、服装、美妆个护等品类销量更高。在北美市场，消费者喜欢的品类则变成了智能家居、小家电、消费电子、新兴科技产品、健康美容类、休闲健身类用品、花园用品、宠物电子产品等。因为欧美有很多古建筑、城堡不能安装空调，而且美国房车文化和户外旅行特别流行，所以户外储能移动式空调产品在欧美也非常畅销。线上电商平台亚米网创始人表示，亚洲流行文化产品需求在美国增长也非常快，包括日本动漫，韩国娱乐文化产品、影视作品、潮流商品，中国游戏和动漫（如最近火爆北美市场的《黑神话：悟空》买断制叙事游戏）。在美国的亚洲动漫流行展上，

---

① 资料来源：中信建投证券。

70%－80% 都是非亚裔去参观。亚洲美食备受喜爱，已经变成美国人家里的日常消费品，食品类的品牌增长非常快，未来依然有很大的增长空间。

中东及西亚市场的中国服装、消费电子、家具、家电、个人护理品、户外用品、文具等销量不错；拉美市场的汽车、消费电子、服装饰品、轻工日用品、汽摩及配件、运动健身用品、休闲娱乐类产品更受欢迎。

因此，企业在选择最初进军的目标国家和地区时，需要重点考量自身所在行业是否在该国具有更大的接受度和增长空间。比如，高品质出行服务品牌龙腾出行在 2013 年开启国际化战略时，将英国作为首战阵地，主要考量的因素不仅包括国家开放度，还重点关注了在欧洲市场中，英国更崇尚休闲文化，对于休闲服务产品的接受度更高。

也有些企业会以"国家发达程度"作为分类指标，为不同类别的国家市场匹配对应的产品或服务。比如华为，为发展中国家市场提供性价比较高的产品，满足当地需求；而在发达国家，华为则注重高端产品的研发和推广，与国际品牌进行竞争。

⭐ 营销案例：宇通客车的全球市场征途

你见过用七把钥匙才能进入的房间吗？

在刚进入委内瑞拉市场时，宇通客车当地销售代表所住的房子竟然有七道门，需要七把钥匙才能进入，因为当地时常发生入室抢劫事件。

这只是中国企业早期出海时遭遇困境的一个缩影。由于德国、美国等发达国家的汽车排放标准远远高于中国，配套体系跟不上，售后服务就会跟不上。因此，中国客车的出海征途普遍起步于委内瑞拉、古巴这样的发展中国家和欠发达地区。

比如国内最大的客车制造企业宇通客车，当时制定的海外发展战略是"农村包围城市"：避开市场门槛高的国家和地区，另辟蹊径，选择相对低门槛的市场进入。

2000 年，宇通客车与德国 MAN 公司合作，成立了猛狮客车有限公司，加快了国际化步伐。2003 年，宇通 ZK6115H、ZK6116HG、ZK6790H-1 三台客车开赴俄罗斯圣彼得堡，开启国际化序幕。同一时期，金龙客车、亚星客车、安凯客车等中国客车品牌也杀进了海外市场。

但是，这造成了一个尴尬的局面：市场是海外市场，但是在市场中厮杀于同一价格带的主要"玩家"，还都是中国企业。为了争夺市场站稳脚跟，很快地，价格战等恶性竞争手段被复制到了海外市场。也正因如此，导致中国客车品牌一度被打上了"低质低价"的标签。

作为国内客车企业龙头，宇通客车已经在国内通过直销模式树立了优质的品牌形象，却在海外市场被价格战打了个措手不及。不跟着打，无法抢占市场份额；跟着打吧，品牌形象还要不要？进退维谷，这让宇通客车非常头疼。

品牌是一定要保护的，但如果在欠发达市场就成为低端产品的代名词，以后还如何进军欧美发达国家市场？客户心中一旦形成了固有印象，品牌从上往下拓展容易，从下往上提升将难上加难。

为了保护品牌，宇通客车决定在海外市场复制国内的直销模式。只有将渠道和售后服务掌握在自己手里，可控性才会更强，才更有利于控制质量，塑造优质的品牌形象。

　　然而，当时，客车行业的服务链太长，同时，由于发展中国家和地区市场分散和差异化明显，当地供应链和客户定制化要求较高，需要企业深度了解当地市场需求，同时也需要比较强的服务能力和持续维护的能力。这些问题限制了直销模式发挥其优势。

　　在宇通客车出海的第一站古巴市场，由于售后服务跟不上，第二年就有一部分车辆陷入停驶状态。2008年又赶上金融危机，宇通客车一度在古巴市场面临信用危机。

　　因此，在2009年，宇通客车决定从全球直销模式转换为基于分销体系下的全球化市场营销。"海外市场差异化的法律要求、产品和服务要求等，导致宇通客车在海外市场需要更多地依赖经销商。包括在当地的认证、销售、服务保障以及配件等一系列相关工作，都要通过当地的合作伙伴来完成。"当时负责宇通客车海外市场的朱经理表示，"宇通客车当时在国际化网络方面的经验是比较少的，其中牵涉很多问题，比如经销商渠道建设、经销商开发、经销商管理等。"

　　简而言之，宇通客车出海早期的国际化战略需要的是一整套的全球分销商营销策略以及分销商管理体系。

　　在国际市场上，分销商不仅能够起到销售的作用，还能帮助企业调研当地市场、实现与当地客户更便捷地沟通，与企业共担风险。但是，不同国家和地区的市场有着不同的关税、认证与技术标准、进口许可、政治经济环境、竞争格局和产品使用环境等，这些对分销商营销体系的建立造成了很大的挑战。

　　宇通客车一方面及时进行了内部组织调整，重点建设海外销售部门，加强了海外销售部的职能建设；另一方面则引入国际专业机构，宇通客车当时聘请了科特勒咨询集团为其出谋划策。

科特勒咨询首先对宇通客车全球市场进行了全景式扫描分析，按照不同市场的销售规模、销售潜力、合规要求，以及宇通客车和中国汽车企业在当地的竞争情况等，与宇通客车共同协作将全球市场分成了三大类市场：战略性市场、核心性市场和机会性市场。

科特勒咨询集团全球合伙人、中国及新加坡区域 CEO 曹虎介绍说："我们针对这三类市场进一步细分，比如，当宇通客车进入该市场之后，如何建立经销商体系？作为进入国际市场的新品牌，宇通客车面临的优质经销商竞争是非常激烈的，那就要明白：自己理想的经销商应该是什么样的？最差但还能接受的经销商是什么样的？这需要根据宇通客车对各个国家不同区域市场的差异化目标，以及不同经销商的服务能力、市场人脉拓展能力、资金能力等划分不同维度，组合设计以满足宇通客车的市场要求。"

宇通客车设计了渠道的基本模式：车型排他经销＋服务/配件一般经销。针对个别市场的差异性，允许有针对性地实施灵活渠道模式。通过将经销商按能力和业绩进行分层，科特勒咨询协助宇通客车顺利完成了全球分销商体系的整体构建，并为宇通客车设计了经销商积分管理体系，以评估经销商的表现。

如今，这个项目已经过去十多年的时间，宇通客车的国际化营销模式也更加多元化，但是经销商管理的本质并没有变，仍可为今天的企业所借鉴。曹虎认为："如果在当下的技术环境下重新做宇通客车这个项目，我们会利用更先进的数据管理能力，实现更多实时数据的交换，使宇通客车对于市场神经末梢的感受更加灵敏，从而能够实现 DTC 经营

（直面客户的经营）。"技术只是手段，核心是对经销商和客户的选择、激励和提升，底层逻辑永不过时。宇通客车的案例是一个完整的复杂产品进入全球市场进行营销布局的完整案例，对于出海企业的深度全球化具有借鉴意义。它涉及对不同国家不同市场容量、不同购买偏好、不同市场竞争格局的分类，商业目标的考量，设定优先度市场，进行当地经销商的选择、评估、谈判、管理、分工、激励和淘汰升级等一系列工作。这是基于顾客价值管理的全球营销体系，在今天依然非常有效，是已经被验证了的成功模式。

项目完成后，宇通客车实现国际市场份额和销售收入连续多年30%以上的增长和优质经销商比例提升。2011年，宇通客车获得世界客车联盟全球年度客车制造商大奖；同年被国家统计局评为中国行业"十强"企业。2012年，项目结束后的第三年，宇通客车顺利实现当初设下的国际化目标：三分之一的收入和利润来自海外市场。

目前，宇通客车已经形成一种独具特色的国际化经营模式——"古巴模式"，该模式的核心内涵是"一个国家一种策略"。当宇通客车在准备进入一个新的目标市场国家之前，首先会派团队进行全方位的市场调研，了解并掌握目标市场的基础设施状况、顾客对产品的需求和购买意愿以及当地的政策法律法规等，并在此基础上对进入方式、出口车型以及价格进行优化。在做好产品的同时，积极建立配件中心和售后维修服务站，一站式、全天候解决客车运行过程中出现的问题。

2024年1月，宇通客车海外销售和服务网络已实现全球目标市场的布局，通过子公司、办事处、经销合作伙伴以及派驻直销队伍等多种渠道模式覆盖独联体、中东、非洲、亚太、美洲、欧洲六大区域，产品远销至智利、墨西哥、澳大利亚、马来西亚、哈萨克斯坦、乌兹别克斯坦、沙特、卡塔尔、英国、法国、丹麦、挪威、芬兰等全球主要客车需求国家与地区。

出海营销第二步
——制定产品战略

新质生产力的发展能够带动产业链的升级和整合，为产品创新提供更加完善的产业链生态和协同体系。中国企业出海正是立足于国内高效发达的供应链体系，将高性价比的产品销往全球市场。企业在确定了要进入的国家市场之后，出海的第二步是为该市场制定产品战略，包括细分市场、选择目标市场、定位、选品和定价等（见图 2-5）。

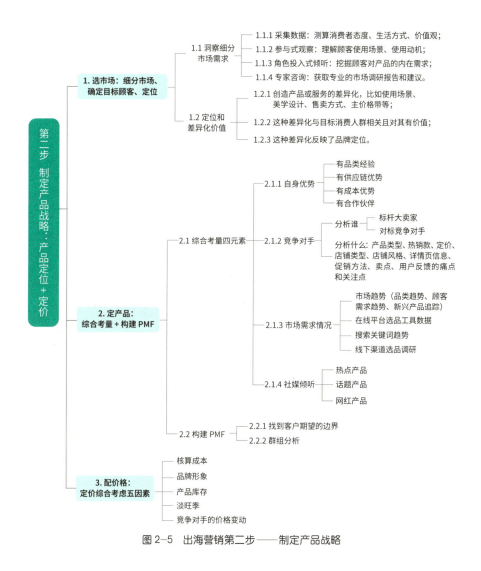

图 2-5　出海营销第二步——制定产品战略

一、选市场：细分市场、确定目标顾客、定位

与在国内进行营销战略布局一样，企业在海外市场也要进行市场细分（Segmenting）、确定目标顾客（Targeting）以及对产品进行定位（Positioning）。

（一）洞察细分市场需求

洞察细分市场需求是市场营销的重要切入点和前提。一般通过以下几种方式进行：

采集数据，比如问卷调查、深度访谈、社交媒体监测等方式 —— 测算消费者态度、生活方式、价值观；

参与式观察 —— 理解顾客使用场景、使用动机；

角色投入式倾听 —— 挖掘顾客对产品的内在需求，即产品在顾客生活中扮演的角色、承担的意义；

专家咨询，与当地行业专家或海外咨询机构合作 —— 获取专业的市场调研报告和建议。

新能源汽车品牌哪吒汽车在选择了对新能源汽车接受度更高的欧洲作为目标市场之后，通过问卷调查、深度访谈、社交媒体监测等方法，对欧洲市场的消费者需求、消费习惯、政策法规等进行了深入的了解。哪吒汽车发现，欧洲消费者对新能源汽车的性能、安全性、智能化等方面都有较高的要求，同时对于汽车的外观设计也有着独特的审美偏好，更倾向于简约、大气、时尚的设计风格。此外，欧洲大部分国家采用左舵驾驶，这也是与英国和一些东南亚国家的主要区别之一。在洞察需求的基础上，哪吒汽车将车辆设计为左舵驾驶，重新设计车辆外观，升级车辆的安全性能，加入了自动驾驶、智能互联、智能充电等功能。

（二）定位和差异化价值

在确定目标细分市场和人群之后，企业要通过提供差异化价值和进行差异化定位，使自身区别于诸多竞争对手，以获得消费者的关注和购买。

差异化价值并非简单的与众不同，而是需要同时满足以下几个要求：

创造产品或服务的差异化，比如使用场景、美学设计、售卖方式、主价格带等；

这种差异化与目标消费人群相关且对其有价值；

这种差异化反映了品牌定位。

便携咖啡机品牌 Outin 瞄准那些热爱咖啡、追求高品质生活方式的消费者，特别是经常旅行或需要在不同场合享受咖啡的人群，以其紧凑的设计和便携性为主要特点，让其产品能够轻松放入背包，满足用户在露营、旅行或办公室等不同场景下的咖啡需求。Outin 洞察到用户长时间外出充电不便的痛点，为咖啡机搭载了大容量可充电电池，一次充电可以冲泡多杯咖啡，以差异化价值解决了用户的后顾之忧。

还有些企业以低价来塑造独特性，这在某种程度上是企业战略平庸和创造力匮乏的一种表现，除非这家企业真的有全行业最低价值链成本。

STP 的具体方法和步骤跟国内市场战略方法类似，在此不再赘述。

二、定产品：综合考量＋构建 PMF①

有些企业尤其是大集团企业拥有多品类多条产品线，如何确定以哪个品类或哪款产品作为破局主力？企业不仅需要综合考虑多种因素，而且要考虑产品与市场匹配的问题。

（一）综合考量四元素

1. 自身优势

企业是否拥有该品类的经验、供应链优势、成本优势，或是否有合作伙伴？

2. 竞争对手

重点分析标杆大卖家和企业对标的竞争对手，分析其产品类型、热销款、定价、店铺类型（线上线下）、店铺风格、详情页信息、促销方法、卖点、用户反馈的痛点和关注点等信息。

3. 市场需求情况

通过线上电商平台选品工具数据、搜索关键词趋势、线下渠道选品调研等方式洞察市场需求，比如品类趋势、顾客需求趋势以及新兴产品追踪等。

———————————

① PMF: Product Market Fit，产品与市场的契合度。

　　线上电商平台亚米网（Yamibuy）[①]根据销售数据发现，亚洲服装、3C、美妆、食品、快消、母婴、宠物、扫地机器人、美容仪、庭院机器人等品类更受美国消费者欢迎。亚米网创始人表示：如何判断产品是否值得做，最直观的方法是看销量、用户停留时长、是否点击放大图片、是否加购、用户浏览行为追踪等，做很细致的后台分析。分析问题包括：价格、用户是否喜欢、运费是否过高、是否有促销等多个指标，综合计算会为每个客户打 100 个"标签"。以上数据会为选品、客服、客户管理等提供重要支持。

　　获取线下一手数据对辅助选品也很有帮助。长期盘踞在各大零售商货架的产品，一般都是非常有潜力的产品。Next 2 Market（N2M）[②]美国企业战略顾问建议企业可以花小的价钱，请一些国外的留学生或者是一些本土的朋友，在大的零售商做选品调研。第一手的线下数据有时候会给大家带来非常意外的收获。因为线上数据被广泛使用，包括同行都可以获得同样的数据反馈，而且有角度单一的问题，而线下的一手数据则能为企业提供可能不被发现的其他需求。

　　中国家电品牌海尔在进入海外市场时，会派出调研团队详细询问线下零售商的经营情况、销售数据、消费者反馈等信息，以了解当地市场的需求和趋势。比如在北美市场，消费者对于家电产品的智能化、节能环保等功能有较高的要求；在欧洲市场，消费者则更加注重产品的设计

[①] 亚米网（Yamibuy）是一个专注于服务海外华人及对亚洲商品感兴趣的消费者的线上电商平台。

[②] Next 2 Market（N2M）是一家美国企业战略顾问公司，提供包括市场研究、竞争分析、品牌定位、产品开发、营销策略、销售渠道开发等在内的全方位战略咨询服务。

和品质。因此，海尔在北美市场推出了符合当地能效标准的节能型冰箱、洗衣机等；在欧洲市场则注重产品的设计和品质，推出高端家电产品。海尔还会与线下零售商共同制定合作策略，包括产品组合、定价、促销、售后服务和物流配送等。

4. 社媒倾听

企业可以重点关注哪些是社交媒体上的热点产品、话题产品和网红产品，从中获得更多的信息；或主动组织在社媒的互动活动，以获得更多精准的反馈。

中国彩妆品牌花西子在 Instagram、Facebook 等海外社交媒体平台上都注册了账号，利用社交媒体平台的分析工具，对用户的互动数据、搜索趋势、购买行为等进行了深入分析后发现，海外用户对中国传统文化元素的彩妆产品表现出浓厚的兴趣，比如"东方彩妆""中华妆"等，于是花西子推出了"苗族印象""西湖礼盒"等系列产品。

（二）构建 PMF

PMF 是指产品与市场的契合度，当产品和市场达到最佳的契合点，企业所提供的产品正好满足市场的需求。在美国，获得 A 轮融资的关键要求就是企业是否能够达到 PMF。

那么，如何衡量一家企业是否达到了 PMF？创业投资公司

Techstars[①] 会通过两种方法进行测试：

1. 找到客户期望的边界

客户对你的产品有什么期望？当企业提供的价值超过客户期望时，它以增长的形式出现；但当企业没有达到客户期望时，它就会出现流失。

企业可以通过问卷调查、面对面访谈、电话访谈等方式收集客户的意见和建议；也可以利用客户关系管理系统（CRM）和其他数据分析工具，分析客户行为和偏好；同时，建立客户反馈机制，鼓励客户主动反馈产品或服务使用中的问题；然后，通过沟通和教育，合理设定客户的期望值，避免出现过高或过低的期望。

2. 群组分析

群组分析（Cohort Analysis）是一种统计分析方法，用于研究特定群体的行为模式和趋势。通过将具有相似特征或在相同时间点经历相同事件的用户分组，分析这些群组在时间跨度上的行为变化，从而揭示不同用户群体的特点和差异。这种分析方法可以帮助企业或研究者识别和理解用户行为的长期趋势，评估营销活动的效果，优化产品策略，以及提高用户留存率。

这种分析方式主要关注以下因素：你在什么时候获得了用户？他们留存了多久？对这些具有不同特征的人群进行对比分析，以发现他们在时间维度下的行为差异。比如，企业可以对不同渠道来源的用户留存率

---

① Techstars 是一家全球知名的创业投资公司和加速器，为初创企业提供资金支持、指导和资源。Techstars 投资的领域包括但不限于软件、硬件、消费互联网、金融科技、教育科技、健康科技等。

进行对比，从而评估不同渠道的营销效果。

对于新产品来说，进行"产品与市场匹配测试"是非常必要的。它主要通过四步来进行：问题假设、问题验证、解题假设、解开验证。其中的关键在于：要提出正确的问题，然后通过最小可行产品（Minimum Viable Product，简称 MVP）进行快速的验证和优化迭代。

Techstars 总经理认为，任何一个产品或者一项服务，都需要在市场中找到它的生存空间或者生态位，这是产品得以存在的原因之一。新产品要想在市场上成功，需要同时具备专注度和差异性。

专注度： 每个创业公司都需要一个奇迹，但必须只是一个奇迹。如果想要塑造的东西太多，那么企业失败的风险就会变得非常高。如果有三个经营理念，就需要三个奇迹才能使企业成功。

差异性： 只有在产生差异时才会是差异，并且还要容易被人识别。但要注意：很多创始人创造的差异实际并非差异，是伪需求、伪区别、伪特点，以为会对产品产生改变，实际上并没有任何影响；或者不断追求更好的产品和服务，这就需要考虑企业成本加大后的平衡性。

三、配价格：定价综合考虑五因素

在确定产品之后，如何在不同的国家或地区为产品进行差异化定价是个不容忽视的问题。一般来说，企业需要综合考量以下五个因素：核算成本、品牌形象、产品库存、淡旺季以及竞争对手的价格变动。

极氪汽车 001 和 X 两款车型在荷兰和瑞典的稳定月销量只有 100

多台[1]，除了渠道问题（它在当地只有荷兰阿姆斯特丹和瑞典斯德哥尔摩两家直营店），还有个问题就是定价。据说产品企划时要对标特斯拉Model Y，但 Model Y 定价 4 万欧元，极氪 001 则是 6 万欧元起步，是特斯拉的 1.5 倍。这个价格的竞争力看起来不是很强。

科特勒咨询集团的客户之一、消费级 3D 打印解决方案提供商创想三维[2]在制定价格时，不仅会考虑到以上五大因素，还会将退货情况和账期也考虑在内，将所有可能遇见的问题进行有效测算和预测，从而制定最有效的价格。

纯粹以低价作为闯入海外市场的筹码可能在短时间内赢得高销量，但是企业要注意，当产品低价的印象在消费者心中已经牢不可破，品牌形象就很难再提升。因此，重视品牌形象的企业不仅要考虑成本和竞争对手等因素，还要考虑价格对长期品牌形象的影响。

中国自主品牌汽车制造商奇瑞早期以低价策略迅速获得了市场份额。为了进一步提升品牌形象和市场竞争力，奇瑞汽车在 2019 年推出了高端品牌星途，旨在进军高端汽车市场。但星途品牌与奇瑞母品牌在产品、技术和形象等方面暂未形成明显的差异，导致消费者对星途品牌的高端性产生认知困惑。从低价品牌向高端品牌升级绝非短期内一蹴而就的易事。

此外，通过不同渠道销售的产品价格如果出现差异，一方面会导致

---

① 虎嗅 App：《杀到 BBA 大本营的中国车企，多少有些水土不服》https://mp.weixin.qq.com/s/15JEb-ZOLmgA3W8ey6l6GQ。
② 创想三维是一家快速发展的 3D 打印技术公司，专注于提供创新的 3D 打印解决方案，创想三维面向全球市场，尤其是针对教育、工业设计、医疗、珠宝设计等领域的专业用户。

消费者对品牌的认知出现混乱，另一方面则容易损害渠道合作关系。为了解决这一问题，Ateam创始人建议，企业可以对产品设计、编号、功能、品牌进行调整，以体现不同渠道的产品差异。尽量不要在全部渠道销售完全相同的一款产品，因为消费者会对线上和线下渠道进行比价，这样可以避免渠道与渠道之间的不良竞争或引起消费者困惑。（需要注意的是，在欧美市场，产品改变需要同步重新做产品认证。）

 营销案例：安克创新如何进行差异化创新？

这是一家有趣的公司。

它创立于中国的湖南长沙，生产在深圳，而90%的销售额来自北美、欧洲和日本。

这又是一家成功的公司。

它在2011年诞生，9年后在创业板成功上市，2023年营收达到175.07亿元人民币[①]。在亚马逊封号潮中，它是为数不多的未被处罚企业。

它就是与傲基科技、帕拓逊并称为"亚马逊三杰"的安克创新。

安克创新原名为海翼电商，是做充电类产品起家的。但是，市面上有那么多充电类产品，仅在亚马逊美国站，充电器和移动电源就有2000多个竞品，为什么偏偏是安克创新突出重围，成为行业领头羊？

当我们研究安克创新的发家史时，必须要从充电类产品入手。安克创新的迅速崛起正是因为它洞察了消费者使用该类产品时关注的那些价值。

---

① 安克创新《2023年年度报告》。

在使用充电类产品时，人们会关注哪些价值？

（一）痛点：安全性

我们偶尔会看到有充电器起火或充电宝爆炸的新闻，消费者当然不希望购买到有安全隐患的产品。安全性是对一个产品的基本要求。然而当时市场上除了昂贵的原厂电池，就是便宜的"三无"产品，在安全性与价格之间，存在一个未被满足的市场空间。

（二）痒点：兼容性

所谓"痒点"，就是没有那么痛，但却让人很烦的体验。比如很多软件在苹果系统和其他系统之间是不兼容的。如果你用 Pages 打开 Word 文档，修订再保存为 Word 之后，总是会存在多字或错字的情况，这就是软件不兼容导致的问题。这种麻烦不是什么大事，但是总出现就很影响用户体验。

（三）亮点：便携性

早期的充电宝，如果体量小，那么存储的电量就会很少；如果想尽量多储存一些电量，就得带着像砖头一样沉重的充电宝。手机厂商费力将手机做到最轻薄，我们却需要携带更笨重的配件，这显然是不合逻辑的。随着人的移动化，产品的便携化一定是趋势。

（四）差异点：本土化

纯电车在东北销售情况一般，为什么？因为东北的冬天太冷，对电池电量影响很大。对于出海品牌来说，海外市场因为气候、文化等因素，也存在差异化的问题。比如中东的气温高，对充电器也有特殊的要求。

安克创新就是洞察了这些消费者的痛点、痒点、亮点和差异点，才能不断创造满足消费者需求的亮点产品，从而在亚马逊平台一骑绝尘。

有句话说：人们不是喜欢便宜货，而是喜欢占便宜。什么叫"占便宜"？就是得到的始终比付出的多一点。只需要稍微多出一点钱，就可以获得更多的产品和服务。

安克创新发现了高价原厂电池与劣质第三方电池之间的市场空间，主打性价比。在创立早期，安克创新相当于贸易商的角色，在亚马逊上寻找那些用户需求量大但还没有知名品牌的产品。然后在深圳找供应商生产产品，贴上 Anker（安克）的牌子，再在亚马逊平台上出售。

2012 年，安克创新发现了消费者使用充电器的痒点——系统不兼容的问题。于是改良产品，推出了可以兼容苹果系统和安卓系统的充电器，一炮而红。2013 年，安克创新开始自己研发推出有自主专利的 Power IQ 技术，使充电器可以智能识别每个接口接入的设备类型，自动调整电流输出。2014 年，为了迎合便携化的需求，安克创新推出了口红形状的迷你移动电源，创下第一款销量过亿的纪录。

为了洞察和满足海外不同市场的差异化需求，安克创新在美国、日本、迪拜都设有海外办公室。美国办公室不仅有销售和营销团队，还增设了测试、商务拓展等团队，以便快速高效地结合市场反馈，调整相关研发方向。比如为了解决中东地区温度高的问题，安克创新专门推出了有高温防护的充电器。

　　最初，在充电领域，安克创新主要做的品类是电脑电池，当行业被苹果电脑影响，逐渐转向电池内置不可拆卸之后，安克创新将重点转移到了手机电池。早期的安卓手机还可以更换电池，但内置不可拆卸的趋势最终延展到了手机行业。于是安克创新开始做充电宝、充电线、充电器，并且由充电类产品延伸到其他移动配件，比如无线耳机、音响、摄像头等，最终拓展到扫地机器人等智能家居。随着新能源电动车的销量提升，安克创新开始将充电分为小充、中充、大充，开启了从充电到储能这一更大领域的拓展。

　　在选择拓展的品类时，安克创新有两大原则：一是品类的市场规模要小，但是不能太小；二是该品类要处于生命周期的萌芽期或成长期，可以实现进一步的创新。目前，安克创新旗下共有三大类产品[1]，其中：

1. 充电储能类产品

　　主要包括 Anker（安克）品牌的数码充电设备和相关配件，以及 Anker SOLIX 系列的家用光伏和储能产品等。2023 年该类产品营收额为 86.04 亿元，同比增长 25.12%，成为安克创新最大的营收来源，约占公司总销售额的 49.14%。

---

① 安克创新《2023 年年度报告》。

2. 智能影音类产品

主要包括 Soundcore（声阔）品牌的无线蓝牙耳机、无线蓝牙音箱等系列产品以及 AnkerWork 品牌的无线蓝牙麦克风、会议摄像头等系列产品。2023 年上半年该类产品营收 15.63 亿元，同比增长 29.11%，占公司总营收的 22.12%。

3. 智能创新类产品

包括 Eufy（悠飞）智能家居及 AnkerMake 3D 打印等产品系列，2023 年该类产品营收额为 45.41 亿元，同比增长 18.72%，约占公司总销售额的 25.94%。

摆脱了对单一品类依赖的安克创新开始提升其品牌影响力，实现自身从渠道商到以研发为驱动的制造商的转型。2023 年，安克创新在全球市场的营收增速为 22.85%，在过去三年（2020—2023 年）的营收增速均保持在两位数，显示出其产品强劲的市场竞争力和稳定的增长趋势。

出海营销第三步
——构建渠道策略

谈到出海的渠道策略，不得不谈到"出海四小龙"——SHEIN、全球速卖通（AliExpress）、Temu 和 TikTok Shop。这些跨境电商平台已经成为新质生产力的代表性产业。跨境电商一端连着国际市场，一端连着国内新旧产业体系，集产品和服务贸易于一体，打造了"短链、高效、智能"的供需对接通道，充分释放了以数字化平台为代表的先进生产力效能。当然，跨境电商只是企业出海渠道策略的一部分，为了打造品牌和触达更为广泛的消费者市场，企业还需要建立自己的 DTC① 独立站，进入线下渠道，进行全渠道渗透（见图 2-6）。

---

① DTC：Direct To Consumer，直达消费者。

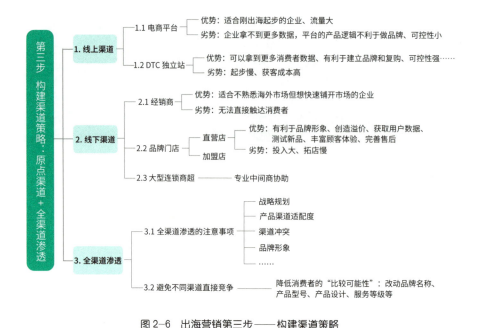

图 2-6　出海营销第三步——构建渠道策略

一、线上渠道（包括 PC 端与移动端）

线上渠道主要包括电商平台和 DTC 独立站两种形式。企业应根据自身战略目标、营销能力和组织能力，选择适合自身的首发渠道。

（一）电商平台

北美的亚马逊（Amazon）、eBay，亚洲的全球速卖通、京东、Temu、TikTok、Lazada、Shopee、Coupang、PChome、MOMO、Rakuten，非洲的 Jumia，欧洲的 Asos、Cdiscount 等都属于跨境电商平台（见图 2-7）。以下介绍几个有代表性的电商平台。

图 2-7　2023 年全球 TOP10 电商平台[①]

1. 亚马逊[②]

(1) 产品规定

禁限售商品政策：禁止发布不安全的商品、需处方购买的商品、违反法律法规的商品等。

产品安全政策：要求商品符合当地的法律和安全标准，如儿童产品需要 CPC 认证，电子电器产品有 CE、3C 等认证。

(2) 物流和仓储规定

亚马逊物流（FBA，Fulfillment By Amazon）要求商家按照特定的包装、标签和运输要求进行操作，以确保商品能够顺利进入亚马逊仓

----

① 飞书深诺：《2023 中国品牌出海年度报告》。
② 1994 年创立。

库并送达顾客。商家需选择合适的运输方式，并提前预约 FBA 运输时间，以避免仓库拒收。FBA 物流体系会收取商家一定的费用，比如仓储费、运输费、销毁和弃置费等。2024 年 1 月，FBA 新增了三项新费用：入库配置服务费、入库缺陷费及低量库存费。

亚马逊对 FBA 库存有一系列要求，包括产品标题、商品状况、包装、标签等，以确保商品能够成功上架并顺利运营。商家需定期监测库存容量，避免超过容量限制，并规划好最低库存水平以应对补货需求。

（3）用户数据隐私规定

亚马逊重视用户数据的隐私与安全，对于超过两年的订单数据将进行存档处理，不再包含买家的个人身份信息。通常情况下，卖家只能在需要完成订单或回复客户服务咨询的情况下才可以联系买家。不能出于营销或促销目的联系买家（包括发送电子邮件、寄信、打电话或其他方式），除非他们使用了亚马逊提供的特定营销功能（如"管理您的买家互动"）。商家在获取和使用用户数据时，需遵守亚马逊的隐私政策和相关法规[1]。

（4）封号与商家管控

2021 年，亚马逊曾针对违规商家大规模封店。一旦商家出现违规行为（如售假、侵权、刷单等），将可能面临封号等处罚。在封号潮后，曾经有卖家把自己独立站的信息做成小卡片放在亚马逊商品包裹里，告知买家，如果在独立站购买会有一定比例的折扣，以此将亚马逊买家导向独立站。这种行为一旦被亚马逊发现，也会被封号处理。

---

[1] 亚马逊"隐私声明"https://origin-www.amazon.cn/gp/help/customer/display.html?nodeId=201909010。

不过，除了"堵"之外，亚马逊也在用"疏导"的方式逐步解决独立站分流的问题。2022 年，亚马逊启动了 BWP（Buy with Prime）计划，联通拥有独立站的品牌，品牌可以在自己的独立站中添加打通 BWP 服务的通道，亚马逊 Prime 会员用户可以直接用亚马逊账户付费购买该独立站上的商品。

2023 年，亚马逊与美国诸多社交媒体合作，美国用户可以在社交媒体 App 内通过亚马逊完成购物而无需跳转到亚马逊 App。

2. Temu[①]

Temu 为商家提供了两种合作模式：全托管和半托管。

（1）全托管

在全托管模式下，商家只需专注于商品的生产，将商品照片、尺码信息上传至平台，并将货物送到 Temu 指定的国内仓。后续的店铺运营、产品销售、定价、引流、仓储、跨境物流、售后等运营工作均由平台完成。这种模式减轻了商家的运营负担，更适合工厂。

（2）半托管

半托管模式是指商家自主管理部分业务，比如自行定价、发货履约、维护库存等，平台协助商家进行商品上架、销售、开展营销活动、客户服务等。这种模式适合货品在境外本土的商家。

二者的差别主要就在仓储和物流履约由哪一方完成。

值得注意的是，与亚马逊不同，Temu 早期分配流量主要看商品价

---

① 拼多多旗下跨境电商品牌，2022 年上线。

格，同类商品如果价格更低，就有机会获取更多流量支持（随着平台发展，价格目前仍然是主要因素，但 Temu 同时也会考虑品类、用户需求等因素来分配流量）。2023 年 12 月，在上线短短 1 年后，Temu 的独立访客数量达 4.67 亿，与全球速卖通持平，排名全球第二[①]。

3. TikTok[②]

在 TikTok 上开店的商家，可以分为两种类型：

（1）本土营业资质

需要美国身份法人公司（提供公司注册证书和税务登记证等，具备在美国本土运营的能力），每家公司可以挂 5 个店铺，对于中国企业来说本土店非常稀缺。

（2）国内的跨境商家

只要有第三方跨境电商平台经验，申请并不难。但是需要更多时间等待认证和审核。

TikTok 平台内效率最高的是达人推广模式。Forest Dream 是一个在 TikTok 平台上的网络红人公会，专注于培养和管理 TikTok 上的优秀创作者和网红。截至 2024 年 1 月，Forest Dream 拥有大约 1600 名签约达人，是 TikTok 成长最快的公会，2024 年有望成为全美前三名的公会。Forest Dream 主要以"全托管模式"运营。全托管是指由 TikTok 平台提供全部物流、报关、履约等问题，商家只需提供货物，由平台全

---

① 数据来源：网络流量分析公司 SimilarWeb。
② 字节跳动集团旗下短视频社交电商平台，2017 年上线。

运营，平台为商家提供全方位的经营保障。无论供应链情况如何，品牌方都需要先进入 TikTok 中，才可以挂商品链接进行销售。公会会在统一的官方平台挑选货品，而非主动寻找品牌方选品。每个月平台会主动推荐约 3000 件爆品供公会选择。为了提高口碑分和服务分，Forest Dream 建议企业将货物存放到美国本土仓库。

对于出海企业来说，电商平台优缺点兼具。

优点是平台流量大，仓储物流和售后服务比较完善，适合刚出海起步的企业。比如亚米网，相对于海淘网站，它拥有大件物品清关优势、运费优势、集采价格优势、获客成本优势；此外，平台服务有保障、配送效率高，拥有客户消费积分积累、客户营销直接触达以及提升复购的能力。

亚米网合作模式：

1. 自营模式：亚米网采购产品，以自营模式对外；

2. 旗舰店模式：品牌达到某个要求即可开旗舰店，商家直接入驻并直接控制产品和定价，亚米网负责发货（售后服务需要与品牌方商谈）。

亚米网第三方产品结算方式：

双方定期对账，中国商家多数通过类似"空中云汇"（Airwallex）进行结算，美国商家本地转账结算。结算周期大约在 15—20 个工作日。另外中美之间的结算比较不容易，所以需要第三方平台协助或者结算时间比较长。

但电商平台的缺点在于企业拿不到更多数据、平台的产品逻辑不利于做品牌、企业可控性小，随着获客成本逐步走高，很多企业在电商平台做大后，都会考虑做自己的 DTC 独立站或者向线下渠道拓展。AI+ 宠物训练创业公司 Traini 创始人就曾透露，目前亚马逊竞争非常激烈，多数成熟品类获取用户平均成本是 30 美元。由此可见，拓展线下渠道是美国市场必争之地。

（二）DTC 独立站

在服装时尚品牌 SHEIN 通过 DTC 模式获得巨大成功之后，越来越多的企业开始尝试建立自己的 DTC 独立站。与电商平台类似，DTC 模式也有自己的优缺点，企业需要根据自身战略需求和具备的条件进行综合考量。

DTC 的优势主要体现在以下几个方面：

1. 因为减少了流通环节，在面对消费者的时候，企业的终端竞价会更具灵活性、更具竞争优势、交付速度更快 —— 当下，快速的交付成为一个非常重要的竞争优势。

2. 企业采取了直面消费者和数字化的联通，可以实时与一线客户交流，掌握一手的市场需求和客户需求，打通市场销售预测、后台生产备货等各个环节，从而提升现金流效率和生意运作效率。

3. 企业可以拿到更多消费者数据，有利于建立品牌和复购，可控性强。从用户进入独立站的时刻，后台就可以记录用户跳转路径和行为数据：用户点击、收藏、购买了哪些产品，甚至可以拿到更为详细的数据，以便企业对用户进行再营销，以提升转化率和复购率。

4. 独立站在视觉设计上更有自由度。

5. 品牌独立站也更有助于品牌形象的建立和愿景的表达。

但是，DTC 的缺点在于，企业从 0 到 1 开始操作独立站，往往面临引流难的问题（毕竟不像电商平台拥有庞大的流量基础），短期内的获客成本也比电商平台要高。同时，如何做仓储物流和售后服务，也是企业要考虑的重要问题（顾客体验将直接影响复购率和独立站的生死存亡）。

独立站的核心在于明确人群和流量运营：

1. 独立站本身的 SEO 优化：通过数据支撑全面洞察顾客，优化产品以增加复购、壮大品牌；

2. 网红营销：通过网红带货打响知名度，带来更多的垂直流量；

3. 广告营销；

4. 粉丝营销：重点在于产生复购。

总结来看：

一是与目标用户匹配的品牌理念，也就是真实的、能拉近目标用户距离的品牌故事、品牌背景和品牌标语。比如，同样是化妆品，纯天然、热衷环保的品牌故事，就更受欧美用户喜爱；而印度尼西亚最不缺的就是纯天然，品牌就更需要突出高科技、先进技术的品牌背景。

二是符合目标用户偏好的视觉设计效果和风格（也就是 VI），如标识、配色、产品形象与包装、UI/UX（用户交互与用户体验），等等。

比如，数码爱好者会更喜欢简约、科技感的风格，而面向家庭用户的家居产品、小家电，则更适合温馨、舒适的风格。

三是展示产品、品牌形象，用于传播的内容素材，如产品展示的图片、用户使用产品的视频、产品使用攻略、用户使用体验分享等。

——Next 2 Market 美国企业战略顾问

在贸易战和全球化 2.0 的背景下，这两年全球经济又经历了通货膨胀下的经济萎缩，对于中国 DTC 科技产品出海而言，不确定性更多，挑战也更大。主要面临三方面的压力和挑战：

第一，产品功能同质化背景下，价格螺旋竞底。

这是国内供应链和产品品牌转型出海的最常见问题。以 Next 2 Market 目前服务和之前加速孵化过的小家电和 3C 产品为例，通常在产品领先期后，就会有大量珠三角的小家电企业迅速跟进，从产品定位、功能、外形设计，到具体产品配件，甚至模具都会有跟进和跟卖。真正市场端的产品更是没有营销定位区分，最终类目整体陷入白热化竞争。

第二，海外面临消费重归线下。

Next 2 Market 曾带客户走访了美国和欧洲多地，深刻感受到对于美国和欧洲传统消费渠道根深蒂固的地区来说，新冠肺炎疫情期间的电商红利已经不再。整个零售业和线下渠道品牌回流到传统店铺渠道。对于体验性质很强的产品，比如家居、家具、健身车等，传统商超依然是销售主力。这就需要国内 DTC 出海品牌能够迅速把握住这一变化趋势，适当布局线下展示和体验店，并能够通过线下线上结合的方式引流流量到线下，上传体验到线上。DTC 户外家居品牌 Outer 的家具产品，以及欧洲随处可见的电动车店都是这些渠道很好的展现。

第三，人才梯队和关键操盘人才极为缺乏。

过去 20 多年蓬勃发展的外贸行业给中国积累了大量外贸 B2B 人才。但是在新的阶段，DTC 人才是以本地化为核心，数字化为手段，既要理解国内产品团队和管理团队的风格定位，也要转换思维，落地为当地市场的可执行数字化动作以及品牌展现形式。在这方面，一个品牌如果前期无法在当地建立一个有一定实力和主观能动性的团队，很难以品牌的姿态破圈。通常品牌会经历海外渠道代理、外派经理人再到本地团队建立等几个阶段，最终完成转型。当然，对于最快的落地目标，品牌也会与类似 Next 2 Market 的品牌加速器和服务机构合作，迅速进入海外市场，填充人才缺口。

二、线下渠道

对于一些国家来说，线下仍是消费的主要渠道。比如日本，消费者选择线下渠道的主要原因包括"享受到高质量的服务体验""实际拿在手上的安心感""实体店铺存在的信赖感"等[①]。此外，线下体验对于建立品牌信任也至关重要。

线下渠道主要包括经销商渠道、品牌门店和大型连锁商超等。

拓展线下渠道最迅速、最省力且风险最小的方式，是通过大量销售

---

① 36 氪出海：《独特的日本生态，不变的慢热和耐心》https://mp.weixin.qq.com/s/hVEK_ZC5V9dIc5A022dcGQ。

代表（合作伙伴）把核心渠道都沟通一遍。对于北美市场来说，这个方式更加高效。有一家著名的全球家电品牌，在中国年销售近 700 万台电视机，用了 7000 多人的促销员和渠道行销人员；而在美国市场，该品牌年销售约 600 万台电视机，营销团队却不到 100 人。原因很简单，北美线下零售业实现了绝大部分的连锁化和专业化经营，从而产生了非常高的分销效率和零售效率。中国出海品牌想要破局打开新增长路径，首先应选择与标杆零售商合作，建立"信任背书"，然后对于其他高价值渠道可以在包装、条款、产品内容、增值服务上有所区分，因为零售商也希望自己售卖的产品是有独特性和专属性的。

（一）经销商

科特勒咨询集团的客户宇通客车，曾经通过经销商模式迅速打开了海外市场。经销商模式适合不熟悉海外市场但想快速铺开渠道的企业。比亚迪也是通过经销商模式迅速抢占海外市场的。

值得注意的是，有些国家不允许外国品牌直接在本国市场销售，这样就只能走经销商渠道。比如沙特，大部分中国品牌汽车在沙特的销售和售后都是由当地经销商负责，中方只派遣技术人员指导。长安汽车在沙特的经销商是阿尔玛杰杜伊（Almajdoui），它也是韩国现代汽车在沙特东部的经销商。凭借经销商的强大网络，长安汽车在沙特发展了 39 个渠道，覆盖了沙特 90% 的人口[1]。

---

[1] 财经杂志：《从冷遇到热销，中国车在沙特做对了什么？》https://mp.weixin.qq.com/s/I09_Mf8pQEybqb6T2T9jEA。

经销商会比较关注合作企业的产品质检和产品内测、本土销量、产品在其他渠道的表现（包括售后表现）、社会责任（包括 ESG 认证、工厂是否雇佣童工、工厂是否符合检验标准等）以及社会化聆听指数（Social Listening，也称 Voice of Customer，客户之声）。

当然，与电商平台类似，在经销商模式下，企业无法直接触达消费者。即便如此，经销商也是企业的必需选择，所以品牌方必须深入、细致、明确品牌管理规范，并认识到建立品牌力需要品牌方与经销商共同的努力。在过去 20 多年中，科特勒咨询集团为众多领先企业提供了"以渠道定位"为核心的国际经销商管理体系，夯实了企业快速发展的基础。

（二）品牌门店

品牌门店可以分为直营店和加盟店两种方式。

直营店的优势在于更有利于提升顾客体验和品牌形象，创造品牌溢价；企业也可以借助直营店做新品测试，获取一手消费者数据和反馈，以优化和迭代产品；直营店也可以作为企业提供售后服务的重要载体；企业还可以在直营店开展各类营销活动，丰富顾客体验。但直营店对于企业来说往往投入较大，且拓展更慢。

加盟店与直营店优劣势互补，借助加盟模式，企业可以快速拓展门店覆盖范围，但是加盟店的可控性更差，可能会影响企业的品牌形象或服务质量。如何使加盟店保持与直营店统一的运营标准和服务质量，对于企业来说是个很大的挑战。

（三）大型连锁商超

美国市场的大型连锁商超渠道非常发达，包括沃尔玛（Walmart）、家得宝（Home Depot）、开市客（Costco）、百思买（Best Buy）、塔吉特（Target）等。产品要想进入这类商超进行销售，企业需要与商超进行详细的谈判，商定合作模式、产品结构和服务内容等问题（美国基本没有进场费、陈列费、促销费等问题）。

无论是美国市场还是日本市场，都存在大量的中间服务商。借助当地中介和代理商的专业知识和市场经验，企业能够更好地进入和适应当地市场。在很多成熟的线下渠道都有专业的中间人，能够帮助企业进入到沃尔玛、开市客等渠道中。中间人还会承担帮助企业代理销售的职责，这是快速进入渠道的方式（中间人可能会以抽成的方式合作）。

三、全渠道渗透

无论是从线上渠道还是从线下渠道起步的企业，最终都会因各种原因进行全渠道渗透。有的企业是因为线上流量成本的增加开始拓展线下渠道，有的企业则是出于提升顾客体验的考虑开始启动品牌门店的建设，还有些企业就是为了触达更为广泛的消费者以实现销量增长。出海品牌进行全渠道渗透是必然的一步。

（一）全渠道渗透的注意事项

线上渠道和线下渠道具有不同的成本结构、消费者触达特征和转化逻辑。因此，在全渠道渗透的过程中，企业需要综合考量多种因素，进行产品、定价、促销和渠道之间的匹配优化。

Next 2 Market 美国企业战略顾问表示，全渠道渗透首先要看企业的战略规划，是否希望更大提升北美的全渠道布局。其次，需要考虑产品是否不进行改动也适合线下销售。此外，线下门店在定价策略、产品策略上需要进行一些转变，比如通过陈列品、引流品和吸引眼球的爆款新产品来吸引客户进店，这类产品并非用于直接转化。最后，还要考虑渠道冲突和品牌形象等问题。

（二）避免不同渠道直接竞争

在不同市场和渠道进行销售时，企业要尽量降低消费者的"比较可能性"。比如改动品牌名称、产品型号、产品设计、服务等级等因素，使在不同市场和渠道销售的产品具有一定的差异性，降低不同渠道之间直接竞争的可能性。像是 Furniture of America，在线下门店增加了及时更换和维修服务，尽可能让自己的网站与大电商平台跟线下门店有所区分。

进入北美线下零售的流程与关键问题

前期阶段

品牌与合作商进行前期接触与洽谈，是重要的判断基础，企业需要针对以下问题准备资料：

1. 产品介绍：产品功能及相关创新性 / 领先性 / 独特性、品类补充和类比情况、品牌影响力、专业性背书等。

2. 质量与测试数据：产品标准认证、产品质量保障数据等。

3. 本土销量数据：其他渠道的销售情况、销售预测数据等。

4. 社交化聆听指数：品牌或产品社媒多维度数据、品牌声量、价值观导向、用户反馈、业内反馈等。

5. 运营模式：考量企业在该地区属于自营、经销商还是合资模式，如何保障零售商采购的效益最大化等。

谈判阶段

谈判阶段是最重要的环节，此环节中将明确产品上架后一系列的运作要求，企业需要对此进行前期的零售材料准备：

1. 产品目录：产品在不同渠道是否存在差异化？利润产品、引流产品、增值服务、配套配件产品、软件等一系列产品组合，产品结构设定，品牌与产品资料、与其他产品的结合等。

2. 定价：具有竞争力的供应价格、价格保护条款等。

3. 产品认证与准入标准：商标认证、基础法规下的标准认证、安全性要求、良品率要求（如涉及医疗器械的产品更具有特殊性）等。

4. 合作模式：采购、分销、自采，OEM/ODM 等多种形式（需要注意的是，每个零售商的采购决策体系不同，例如沃尔玛以中央决策采购为主，Costco 就赋予了区域负责人更多的本地化决策采购权力，这取决于零售商内部管理），双方交易流程条款，可能的竞争机制等。

5. 售后支持：维修合约、售后流程、服务条款和退换货约定、保险、多地售后或集中售后等。

6. 营销计划：围绕零售商的一系列线上线下营销政策支持、围绕品牌 / 产品本身的营销投入、服务创新、数字营销运营等。

7. 供应链管理：库存水平和管理、长周期备件和短周期配件管理等。

8. 增值服务：定制化需求、服务支持等。

9. ESG：围绕（环境、社会和公司治理）可持续发展的一系列举措等。

★ 营销案例：SHEIN 以独立站为主构建产业链

作为"出海四小龙"之一的 SHEIN 成立于 2008 年，早期主要通过第三方电商平台，将婚纱、礼服等商品销往欧美等地区。通过电商平台销售商品可以快速打开局面，毕竟平台流量不容小觑，但存在一个问题，那就是平台对于数据的把控——哪些产品卖得好，哪些店铺增长快，哪些用户更有价值，用户在平台的浏览购物行为是怎样的……这些数据并不掌握在卖家手里。

2012 年，SHEIN 放弃原有业务，转型时尚女装自主设计、加工和出口业务，并采用独立站模式运营。其首个独立站在美国上线，标志着SHEIN 独立站建设的正式开始。

SHEIN 独立站拥有自己的独立域名、独立主机和独立设计，形成了独特的品牌形象和个性化的服务。虽然摆脱了第三方电商平台对流量的把控，但与此同时，独立站渠道模式也意味着 SHEIN 要为自身业务独立进行供应链建设、流量获取、品牌建设和用户运营、售后服务等工作。

首先看 SHEIN 的供应链管理体系（见图 2-8）。

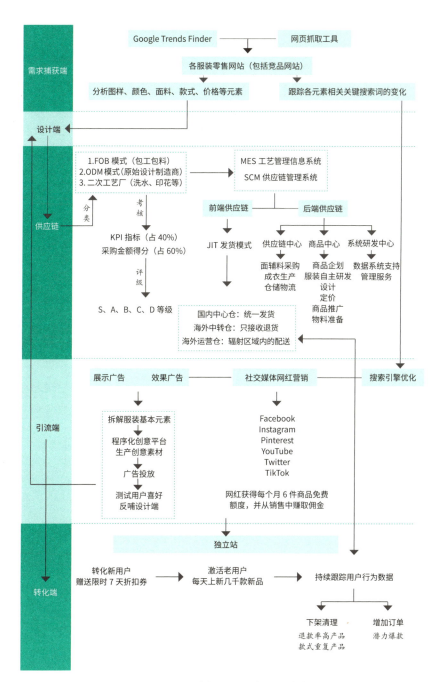

图 2-8　SHEIN 供应链——引流转化全链条解析

　　SHEIN 采用"小单快返"的模式，先推出少量产品到前端，测试市场反应后，再决定是否跟单生产。但这种模式因为前期订单太少，使供应商无法通过规模效应来拉低平均打版成本，所以刚开始愿意接单的工厂很少。

　　为了拉动工厂合作，SHEIN 承担了打版费用，甚至提供贷款给供应商以购买设备和厂房。对于小工厂来说，除了打版费用高，还因为议价能力低，经常遇到品牌方拖欠货款的问题。为了打消供应商的顾虑，SHEIN 为新供应商按月结款。随着合作加深，供应商等级升高，还可以享受周结待遇。同时，SHEIN 还会要求合作供应商不能拖欠上游厂商的工资，"一旦有人举报，就立即终止合作"。

　　SHEIN 会倒推产业链每个环节的成本，由此确定与供应商合作的价格区间，在供应商报价后，选择符合该区间的供应商。供应商需要具备在 7—11 天内交货的能力，并具备承接 100—500 件小规模订单的快返能力。

　　由于 SHEIN 尚未上市，我们无法获取它具体的供应商规模数据，据多方来源的媒体报道推测，2024 年 SHEIN 至少有 2000 家供应商，其中包括 FOB 模式（包工包料）、ODM 模式（原始设计制造商）和二次工艺厂。在 FOB 模式下，SHEIN 给工厂提供样衣，工厂包工包料生产；在 ODM 模式下，工厂负责全周期的设计供款和供货；二次工艺厂主要做洗水、印花、染色等工作。

　　对于这样为数众多的供应商，SHEIN 通过 SCM[①] 系统管理，其中包

---

① SCM：Supply Chain Management，供应链管理。

括前端供应链和后端供应链。前端供应链主要负责出厂配送，后端供应链分为商品中心、供应链中心和系统研发中心三大部分。

商品中心负责商品企划、服装自主研发、设计、定价、商品推广和物料准备等。供应链中心主要负责面辅料采购、成衣生产、仓储物流等，工人日结提现，扫二维码就可记录工作进度，通过供应链管理软件领取工钱。供应商通过该系统可以直观看到新下达的任务是什么，需要在哪天完成，距离完工还有多少天，哪些产品已完工上架，哪些可能即将延期要尽快处理等信息。系统研发中心主要为各部门提供数据系统支持与管理服务。

MES 工艺管理信息系统对每个订单的各环节进行实时追踪，以"库存可售天数""预测日销量""仅 7 天销量"作为主要变量，辅以"交货期和备货天数"作为固定变量，再扣除"库存数量""运输途中件数""待上架数量"，算出供应商需要的备货下单数。

SHEIN 采用 JIT[1] 发货模式，防止爆仓或缺货的问题出现。在该模式下，SHEIN 将订单数量切分为几个小规模订单，只有当周销量超过某一数量（比如 30 件）时，才会触发下一个订单。

根据电商报报道，在 2022 年，SHEIN 对 1941 家供应商进行了 2812次审核。[2] SHEIN 对供应商进行考查的指标包括两部分：第一部分是KPI 指标，占 40%，包括急采发货及时率、备货发货及时率、次品率、上新成功率等。第二部分是采购金额得分，占 60%。根据最终得分，供应

---

[1] JIT: Just In Time，准时制生产，旨在根据需求及时制造产品。

[2] 电商报：《跨境电商 SHEIN 定下 4000 亿营收目标》https://baijiahao.baidu.com/s?id=1774438679165792320&wfr=spider&for=pc。

商被划分为 S、A、B、C、D 五个等级，其中 S 级和 A 级大概占 10%—15%，被淘汰的 D 级大概占 30%。

对于供应商来说，SHEIN 的优势在于单量稳定、回款快，劣势在于利润很低，所以也会有供应商主动离开。

为了解决售后问题，SHEIN 的仓库主要分为三类：国内中心仓统一发货、海外中转仓只接收退货、海外运营仓负责辐射区域内的配送。供应商需要满足以下发货速度要求——"现货 40 小时内发货，备货 5 天内发货"。

独立站都会面临引流获客的难题。不过，美国电商行业的一大特点是流量分散。消费者会去包括谷歌、Meta、Twitter、Instagram、TikTok 在内的几乎所有平台搜索产品的购买渠道。

SHEIN 的引流方式主要是三板斧——"搜索引擎优化 + 社交媒体网红推荐 + 展示广告 / 效果广告 / 邮件广告"。

SHEIN 是通过谷歌搜索营销（SEO）和 Facebook 网红营销引流起家的。后续逐渐延伸到 Instagram、Pinterest、YouTube、Twitter 和 TikTok 等社交平台。目前各流量来源比例大约为：搜索 40%、App 直接流量 37%、社交网络 9%（其中 Facebook 占 50% 左右）、展示广告 7%。

作为时尚电商，网红营销是 SHEIN 引流的重要媒介。网红会把商品推荐到个人账号，可以享受每个月 6 件商品的免费额度。此外，通过与粉丝共享折扣码，网红 KOL、KOC 还可以从销售中赚取佣金，佣金比例一般为 10%—20%。

广告投放不仅可以为独立站引流，还可以起到测款的作用。SHEIN 会拆解服装的基本元素，比如领口、袖口、下摆、颜色等，通过程序化创意平台生产创意素材，然后进行广告投放，测试用户喜好，并反哺给生产设计端。

此外，SHEIN 会通过谷歌的 Trends Finder、网页抓取工具等，对各服装零售网站（包括竞品网站）产品进行追踪，分析图样、颜色、面料、款式、价格等元素，组合和模仿各元素并提供给设计端；并跟踪各元素相关关键搜索词的变化，以实现更好的搜索引擎优化。

关于用户运营方面，在新用户注册后，SHEIN 会赠送限时 7 天的折扣券，折扣高达 70%，引导用户尽快转化完成首单。然后通过每天上新几千款新品对用户进行活化，并持续跟踪用户行为数据，对退款率高的产品和款式重复的产品做下架清理，对潜力爆款增加订单。

在以低价女装切入海外市场，通过独立站沉淀用户流量后，SHEIN 正逐渐表现出平台化特征，推出了美妆和宠物产品，并试水中高端服装细分赛道。这时，独立站渠道模式的优势进一步展现出来：独立站不仅可以沉淀流量，还可以跟踪用户行为数据，以此为选品和投放引流提供参考。

由于 Shopify 等建站工具的普及，独立站的建站门槛已经很低了。但需要注意的是，建站只是第一步，一个独立站是否能够活下来还取决于它是否有源源不断的流量进来。在从 0 到 1 时，独立站卖家必然需要投放大量的广告来为独立站引流，但如果长期依赖外部投流来获取用户，就会侵蚀利润。因此，有志于做独立站的卖家一方面应多渠道引流并提高投放效率，另一方面需要站内运营以沉淀流量，使其尽快转化为 App 直接流量。同时，正是因为建站门槛的降低，独立站卖家之间的竞争也空前加剧，直接推动流量成本上涨，因此对卖家引流效率的要求也会进一步提高，建站之后陷入投流依赖或流量枯竭的卖家并不在少数。

出海营销第四步
——品牌入市策略

　　对于一个企业来说，提升其核心竞争力有两条路径：一是打造硬实力。比如新质生产力，通过引入新的科技、管理和商业模式，不断提升企业的生产效率和核心竞争力。二是打造软实力。比如塑造一个有故事、有价值观、有口碑的品牌。品牌能够提高企业产品或服务的认知度和美誉度，从而吸引更多的顾客，获取更多的市场份额。硬实力与软实力之间并非割裂关系，而是互相促进的关系。新质生产力是企业塑造品牌的基石，而品牌则可以助力新质生产力发挥更大的价值。

　　我常说一句话，"铁打的品牌，流水的产品"，产品相当于肉体，因为产品是可以被感知、触碰和体验的；而品牌则是灵魂，能引起共鸣，是获得消费者喜爱的原因。品牌引领了实体的发展，而实体是赋予灵魂存在的基础。

　　那么，如何在海外市场打造企业自己的品牌呢？品牌入市策略主要分为品牌打造和整合市场推广两大部分（见图2-9）。

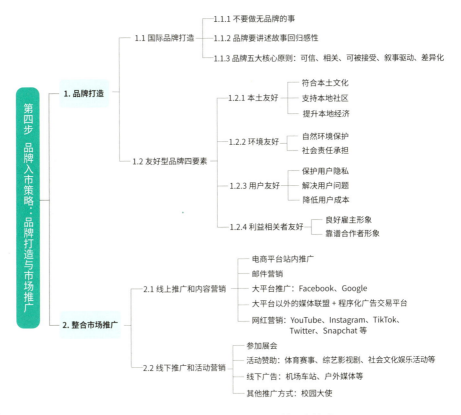

图 2-9　出海营销第四步——品牌入市策略

一、品牌打造

（一）国际品牌打造

1. 不要做无品牌的事

《南方人物周刊》曾经报道了这样一件事：

周维是英语老师出身。2008 年，他转行做外贸，五年后创业，主要承接海外企业和政府机构的项目，为其供应和安装机房的防静电材料。

这种材料技术含量很低，国内企业完全没有定价权。在一次海外竞标中，周维公司的报价比另一家德国企业低 40%，依然不敌后者。讽刺的是，那家德国企业中标的产品恰恰是由周维的工厂贴牌代工的。那些年，周维在全球七八十个国家都做过项目，足迹遍布东南亚、中东、非洲和拉美等地，一度在阿联酋地区做到了四分之一的市占率，只是一直难以打入欧美市场。然而，无论在哪个海外市场，总有一个感受是共通的，像一根难以拔除的刺——没有核心技术，没有品牌价值，中国厂商只能互相竞价，最后由利微者拿下订单，国外客户还觉得中国货理应如此。①

在海外市场，有很多中国企业是从贸易出海和产品出海做起的，借助中国的供应链优势和成本优势，以低价为主要竞争力获取市场销量。这一模式获得成功的前提是保持低成本。但是，随着原材料成本和劳动力成本的上涨，一些对技能要求不高的轻工制造业已经向成本更低的洼地——东南亚转移。

此外，中国产品"低价"的形象也不利于企业的长期发展，比如利润率的提升、合作方的谈判等，甚至，当消费者购买力提升之后，他们也会抛弃那些低价低质的产品（在低价维度内卷的结果必然是更低的品质），转向价格更高但品质也更高的品牌。比如东南亚消费者购买力提升之后，迅速抛弃了低价的中国摩托车转向了日本摩托车。

任何一个品牌，在中国内地甚至在中国香港和东南亚地区，无论它的销量和名气如何，当它真正进入国际化市场时，始终面临一个市场

① 南方人物周刊：《卷王出海：爆单、找错"关系"、黑天鹅……》https://mp.weixin.qq.com/s/0xTEs9SF8lIfLjs-PNA96g。

声量和品牌从无到有的过程。在这方面，就会体现出大多数企业的"短板"，主要表现在对目标海外市场的用户缺乏感知。许多品牌作为在海外市场站稳脚跟的先行者，但对海外市场的关注度和理解并没有像国内市场那样深入，在推广品牌和扩展客户渠道等方面都没有做到很好的海外落地性。因此，与海外同类型竞争对手相比，这些企业就会陷入同质化和价格战的困难模式。

　　在走访进军海外市场的中国企业的过程中，不止一家企业表示：不要做无品牌的事。AI+ 宠物训练创业公司 Traini 创始人表示，如果只是个"白牌"，在美国人眼中只能做代工生产，这本质是一种供货行为。所以一定要持续建立品牌，才有可能真正进入渠道销售。

　　如今，品牌已经成了商业社会当中一个不可或缺的关键性要素，它为消费者提供了更自信、更安全和更舒适的决策参考。同时，品牌资产也能为企业带来更高的毛利、更好的顾客忠诚度，降价的时候也有更高的弹性，品牌产品会卖得更多，更容易获得市场上稀缺的资源，比如政府支持、各种优先贷款等。但没有品牌的时候，企业或者无法降价，或者根本就缺少可获得竞争优势的空间。

2. 品牌要讲述故事回归感性

　　在科特勒咨询跟美国网红和 KOL 沟通的过程中，对方表示：美国产品的定位十分明确且深入人心，相比之下，中国企业更注重性价比，打价格战，凸显产品功能，并没有去注重"什么样的人会用产品"。当产品以销售为导向进入美国市场时，前期可以重点强调产品功能，但要提升品牌并打造自己的个性，需要为品牌赋予故事。

但是，"赋予故事"并不意味着要强编硬造一个故事，品牌故事的诞生要综合考虑多种要素。在科特勒"构建品牌的 27 个元素"中（见图2-10），品牌要包括品牌宗旨、品牌愿景、品牌使命、品牌精髓、TA 画像、竞对研究、差异化策略、定位声明、品牌原型、品牌个性、品牌语言、品牌语气、品牌名称、品牌导语、核心信息、故事架构、Logo、色彩、字体、视觉风格、图画和插图、网站和公众号、社交媒体平台、内容和广告、线上和线下店面、产品包装、体验设计等内容。在打造出海品牌的过程中，企业还要注意在尊重当地习俗文化的基础上，加强本土化元素在品牌视觉呈现上的应用。

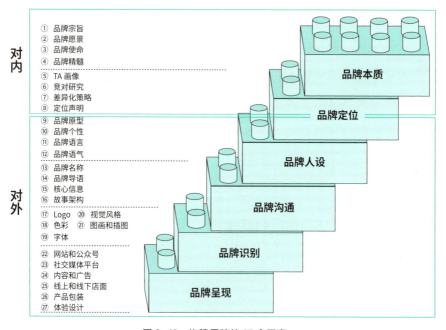

图 2-10　构建品牌的 27 个元素

焊接品牌 YesWelder 是做焊机、焊帽等产品的，早期为国外品牌做代工，但是随着行业价格透明度的提高，代工逐渐变成一个价格战的游戏。利润下降促使 YesWelder 开始考虑自己做品牌，转战 C 端个人消费者市场。与工业形象的同类竞品相比，YesWelder 走了一条时尚的路线。工业产品在做广告传播时，文案侧重点一般集中在技术参数、硬件配置、功能价值等方面，而 YesWelder 则通过挖掘消费者需求，产出多元化的社交内容，来吸引用户关注。在图片社交网站 Instagram 上，YesWelder 发布的是用户使用产品的图片和视频；在 Pinterest 上则发布技巧应用类干货（与小红书笔记的打法相似）；在视频网站 YouTube 上，YesWelder 专门为入门者设计了 "HowTo's" 科普栏目，借助 KOL 和 KOC 发布开箱讲解、技术测试、制作工具、实验对比等科普视频。这些外部网站吸引来的流量都会注入 YesWelder 的独立站官网，供用户进一步了解产品信息和进行购买。但是，与其他同类独立站不同的是，YesWelder 在官网专门开辟了一块讲述焊工故事的内容专栏 "Why We Weld"。在这个专栏里，可以看到像机车骑士一样酷的焊工大哥的故事，还可以看到专业且漂亮的焊工小姐姐的故事。从中可以看出 YesWelder 希望吸引的目标消费群的画像。这些故事都是 YesWelder 主动发起并跟拍的真实案例。

这个案例非常符合 Apple 创意设计总监的观点，即：品牌故事一定要有相对真实的内涵。例如在品牌 / 产品成功的点上，去挖掘并着重表达给客户带来的好处作为设计内涵。"真诚、诚实是最打动人的。品牌升级的第一步是了解消费者和了解品牌本身。Logo 只是呈现用户触点的其中一个方面，升级 Logo 绝对不等于升级品牌。"

这就涉及菲利普·科特勒提出的"品牌 BRAND"五大核心原则。

3. 品牌五大核心原则

（1） B——Believable 可信的

品牌所说的，必须是真实的、有证据的、可被消费者接受并相信的，强调真诚，而不是吹嘘。

（2） R——Relevant 相关性

品牌故事、品牌价值、品牌服务体验要和核心目标群体（客户）相关，并让他有感知、有共鸣，与他的生活和用途高度相关。

（3） A——Adaptable 可被接受、被使用

品牌不仅是让人崇拜的，而且是可亲近的、可改变和融入生活的，让客户的生活更加有意思，让生活充满了新的乐趣。品牌的目的不是被仰视，而是让消费者的生活变得更加美好。

（4） N——Narrative-driven 叙事驱动，即品牌是故事

这点涉及消费者能够联想起来多少关于这个品牌的事实和故事。没有故事就没有品牌。品牌故事和品牌内容是在所有事物都被人忘记之后，还能被记住的东西，即：它带给你的初始感受和记忆锚点。任何品牌都需要有这种记忆锚点。如何建立记忆锚点？挖掘过去，定义现在，规划未来。品牌必须提供对其起源、成长和命运的令人信服的描述，需要确保的是能够清楚地表达过去如何影响、现在是谁以及想成为谁，最重要的是将来想做什么，以及企业目前的状态如何使未来的计划成为可能。这就是品牌故事。

（5）D——Differentiated 差异化

品牌要鹤立鸡群、与众不同、独特而有价值，但这种差异化又不是一种噱头式标新立异的差异化，而是真实的、有价值的和消费者相关的、有故事、可被信任的差异化。

> 我们观察了不少"出海困难"的国内企业，发现大家普遍存在以下 4 个短板：
>
> 1. 对目标海外市场、海外市场用户缺乏认知，因此难以判断哪些产品更有市场前景，值得大力投入。
>
> 其中，对于前期在海外市场站稳脚跟的"先行者"来说，如果对海外市场的变化缺乏关注，甚至只知道哪个产品好卖，但不知道消费者是谁、为什么选择自己，那么，不仅难以找到产品迭代、品牌升级的方向，而且容易失去先机，被竞品抢走市场。而对于面临竞争的出海"后来者"，如果看到什么好卖就做什么，甚至连竞品的获客渠道、推广文案都照搬照抄，那么，摆在他们前面的，也只剩"同质化"和"跟卖价格战"的困难模式，最终与竞品陷入"双输"的局面。
>
> 2. 品牌基础差，导致海外用户只"认"产品，但对品牌却没有感知。这里的品牌基础，包括品牌视觉效果（VI）、品牌故事、用户界面（UI）、产品外观与包装等。不少出海企业都以为，品牌设计就是"起个外国名字＋做个 Logo 图片"，于是忽略了以上基础品牌元素。结果，他们的品牌形象设计得"一团糟"——有的视觉标准错乱，色彩、

字体花里胡哨，让海外用户觉得"土"，怀疑是骗子；有的缺乏关键的记忆锚点，用户看了半天也不知道品牌是做什么的，有什么优势；还有的，不仅不符合海外目标用户的文化习惯，而且触犯了文化认知的禁忌，被用户"拉黑"了都不知道——自然而然地，这些品牌企业，在引流、转化方面表现也很不好，白白流失了大量的潜在用户。

3. 过于依赖单一获客渠道，结果业务增长的模式受限，抗风险能力也较差。举例来说，有的企业只做亚马逊，结果只能选择标准化、性价比高的产品，客单价很难上去；有的企业只在 Google 做投放，对海外"95 后"（Z 世代）用户的影响力并不强，结果竞争对手通过 TikTok 等新兴渠道，提前"抢"走了年轻用户。除此以外，如果某个渠道的占比过大，一旦遭遇变数——如被亚马逊"封号"、分销代理中止合作等，企业就会面临"业务停摆"的风险。

4. 缺乏本地化运营、营销的能力，影响了品牌形象和口碑的塑造。大量出海企业，在海外运营、营销的时候，都很难做到"接地气"。具体来说，要么只能做到"懂语言"，但做不到"懂文化"、做不好海外用户的沟通与互动；要么在品牌展示、图片视频拍摄时，缺乏对当地审美的理解，结果只能对广告进行机械化调优，难以进行全方位的优化。试想一下，有两个运营团队，一个看着就像本地人，还时不时带着用户一起"玩"，搞搞节庆促销、产品试用分享等活动；而另一个，一看就是陌生的外国人，回用户消息至少间隔半天，写的内容各种语病一看就是机器翻译——那么，哪个团队在当地会更受欢迎，更容易获得用户的信任和好评呢？

——Next 2 Market 美国企业战略顾问

（二）友好型品牌四要素

全球各个国家和地区都有不同的发展历史、社会习俗文化和政策环境。作为外来企业，中国品牌进入海外市场，一定要塑造和维护自身的友好形象。这是企业在当地顺利进行市场营销活动的基础和前提。根据科特勒增长实验室的研究，我们将其总结为"四个友好"：

1. 本土友好

本土友好包括至少三个方面：符合本土文化、支持本地社区以及能够助力提升本地经济。

这要求企业对海外目标市场的文化背景、宗教信仰、社会习俗等进行深入研究，确保品牌传播内容不会与当地文化产生冲突或误解。并且通过市场调查了解当地消费者的需求、偏好和消费习惯，调整广告、宣传文案、产品介绍等内容的表述方式，使其更符合当地消费者的语言习惯和文化背景。企业要做本土化经营，就要与当地消费者走在一起。来自不同国家和地区的消费者对于品牌的感知是不同的。企业需要创建一个适合本地文化的定位和故事，让当地人逐步建立感知。

2. 环境友好

环境友好包括自然环境保护和社会责任承担两大部分。政府监管机构对 SDGs（Sustainable Development Goals 可持续发展目标）、ESG（Environmental, Social and Governance 环境、社会和公司治理）在企业应用的深度，以及企业是否遵从这些要求变得非常严格。如果品牌不拥抱 ESG，不按照 SDGs 的模式发展，将会面临非常大的监管风险。ESG 和 SDGs 所带来的环保可持续发展会成为品牌的基本原则，这是进入美国供应链、线下零售商的"门票"。因此，企业不应只关注如何做得更大、增长更快，"可持续性"也是企业非常重要的议题。卓越的公司都在寻求利润和发展持续性之间的充分结合与平衡。

3. 用户友好

企业提供的产品或服务不仅要解决用户问题，降低用户成本，同时还要保护用户隐私。

2024 年《美国隐私权法案》（*American Privacy Rights Act*, APRA）规定，受监管的实体在使用用户数据时保持透明，并给予用户访问、纠正、删除和导出数据的权利。禁止公司在用户不知情和未同意的情况下跟踪、预测和操纵用户的营利行为。禁止在未经用户明确同意的情况下向第三方转让敏感数据和生物信息。联邦贸易委员会（FTC）、各州检察长都可以对违反该法案的行为进行执法，并赋予了个人诉讼权。

4. 利益相关者友好

企业要出海，产业链上牵涉到诸多合作者和利益相关者。

在内部，企业要树立良好雇主形象。比亚迪在海外就很重视与当地文化的融合。比如在 2024 年 7 月刚刚投产的泰国工厂，内部会设置中泰文化交流协会，每个职能部门都会设置负责组织各种交流活动的委员，比如中泰话剧社、读书会、音乐舞蹈欣赏、传统文艺作品交流、手工艺品制作等。泰国工厂还鼓励中国员工学习泰语，也鼓励泰国员工学习中文，还会组织泰国员工到中国学习、旅行等[1]。

在外部，企业要打造靠谱的合作者形象。一个负面案例是决定在 2024 年 8 月关闭德国办公室和当地门店的长城汽车，它同时也解雇了以商务总监 Steffen Cost 为核心的管理团队以及 100 多位员工，这为已购车的顾客带来了很大的困扰：今后的售后、维修、保养如何解决？OTA 软件是否还会更新？而且该品牌二手车的市场流通性也会变差，保值率也会骤降。除此以外，长城汽车与欧洲百年经销商集团 Emil Frey 合作期间，自行改变品牌战略，将之前达成合作协议和联合营销的魏牌摩卡 PHEV、欧拉好猫两款车型改为 GWM（Great Wall Motor）Wey 05 和 GWM Ora 03，长城品牌强势介入成为主体。这一行为也使经销商集团颇为不满[2]。

利益相关者不仅包括员工、客户、投资人和上下游产业链合作者，在更大的范围下，利益相关者还包括与企业共同生活在同一个社区、同一个社会和同一个自然环境中的人们。因此，企业要关注这些相关者的

[1] 财经杂志：《比亚迪泰国工厂投产，泰国员工唱主角》https://mp.weixin.qq.com/s/fbz0WXcjotE-kKZCDNiVqg。

[2] 虎嗅 App：《杀到 BBA 大本营的中国车企，多少有些水土不服》https://mp.weixin.qq.com/s/15JEb-ZOLmgA3W8ey6l6GQ。

诉求，并积极与之沟通。

以OPPO为例，它会通过各种沟通渠道了解利益相关者的关注点，并且在与之双向沟通中不断提升自身管理水平（见表2-4）。

表2-4　OPPO积极与利益相关方沟通[①]

相关方类别	相关方代表	相关方关注点	部分沟通参与方式
股东与投资人	·投资人	·公司业务与基本面 ·长期发展规划与财务表现 ·公司治理与风险管控	·沟通电话与邮箱 ·内部汇报与沟通 ·管理层绩效设定与考评
监管机构	·各级政府 ·各国政府以及相关监管部门	·守法合规的运营 ·保护客户/员工相关方权益 ·产品稳定运行 ·带动经济增长 ·清洁生产	·参与相关会议 ·行业协会等机构沟通
客户	·运营商 ·消费者	·优质的产品性能 ·信息安全与隐私保护 ·绿色产品标准 ·及时高效的客户服务	·售前沟通 ·售后服务 ·常规沟通（如客户拜访等） ·高质量展会
员工	·全职员工 ·兼职员工	·丰富的能力建设内容 ·公开透明的发展通道 ·工作生活平衡 ·稳定的企业发展 ·有竞争力的薪酬福利 ·工作场所健康安全	·在线沟通平台 ·员工代表大会 ·合理化建议
供应商	·生产资料供应商 ·服务类别供应商	·公平透明的遴选程序 ·稳定财务表现与付款政策 ·长期稳定的合作关系 ·公平、公正、公开，阳光透明的采购环境 ·合理的产品及其他要求	·年度供应商培训与交流会议 ·现场审核与沟通 ·定期拜访 ·高层互访

---

① OPPO《2021年可持续发展报告》。

续表

相关方类别	相关方代表	相关方关注点	部分沟通参与方式
社区	· 工厂周边村镇 · 定点帮扶地区	· 贡献社区持续发展 · 共享企业发展成果	· 面对面沟通 · 公益活动 · 投诉热线
社会组织	· 高校与研究机构 · 媒体 · NGO · 行业协会等	· 良好的合作关系 · 及时分享企业经验与实践 · 透明的信息沟通与分享 · 行业共同发展	· 定期沟通 · 项目合作

参考阅读: 中国出海品牌能从 2023 年"美国品牌声誉榜"学到什么?

Axios Harris Poll 100 是一个由 Axios 和 Harris Poll 共同发起的年度品牌公众声誉评级榜单,旨在评估全球 100 个最知名公司的品牌声誉。声誉评级的框架有三大项,共七个维度,包括文化、道德、公民责任、信任、愿景、增长、产品和服务。

1. 品牌品格

(1) 文化: 值得为之工作的好公司;

(2) 道德: 维持高道德标准;

(3) 公民责任: 与我的价值观相同,坚持好的发心。

2. 品牌信任: 我所信任的公司

3. 品牌轨迹

(1) 愿景: 对未来清晰的愿景;

(2) 增长: 强劲的增长前景;

(3) 产品和服务: 开发和提供创新产品和服务。

这个评级帮助企业理解公司品牌声誉的重要性，以及公司行为如何影响其在人们心目中的品牌形象（见图 2-11）。公司可以据此作出改善，制定提高品牌声誉的对策。同时，消费者和投资者也可以使用这个调查的结果来帮助他们做出更好的决策。

RANK		RQ
1	Patagonia Inc.	83.5
2	Costco Wholesale Corporation	82.1
3	Deere & Company（John Deere）	82.0
4	Trader Joe's	81.7
5	Chick-fil-A Inc.	81.4
6	Toyota Motor Corporation	81.0
7	Samsung Electronics Co., Ltd.	81.0
8	Amazon.com Inc.	80.7
9	USAA	80.6
10	Apple Inc.	80.6

图 2-11　2023 年"美国品牌声誉榜"TOP10

我们观察到前十品牌具有一些共性：积极朴实的价值观（为什么）、经典且注重本土的产品服务（是什么）、持续创造社会和环境价值（怎么做）。这些企业提供了名副其实、经得起实践检验的市场供应物（Market Offerings），获得了消费者的持续喜爱，实现了品牌价值增值，品牌溢价最终反作用于其整体价值的增长。

1. 对环境和社会价值的持续承诺

连续几年高居榜首的 Patagonia 是一家美国户外设备公司（主要产品

包括服装、鞋履、睡袋、背包和帐篷），在道德、公民责任、产品和服务的分项上也位居第一，不愧是被称为"全世界最酷的公司"。

这家公司的前身 Chouinard Equipment 专门销售攀岩工具，工具因为设计精良而在攀岩者中广受欢迎。创始人 Yvon Chouinard 观察到工具在使用中对环境造成了破坏，于是他决定改变生产方式，用更环保的方法制作攀岩工具。可以说这个品牌从成立之初就具有极强的绿色基因。

1973 年，Chouinard Equipment 推出了 Patagonia 服装线，主打耐用且对环境影响小。Patagonia 在 1985 年创建了自己的环保组织，称为"1% for the Planet"，承诺将其年度销售额的 1% 捐给环保组织。这些理念在当时是极其具有超前意识的。

"地球是我们唯一的股东"，Patagonia 以拯救地球家园为使命，环保理念贯穿旗下所有的产品和商业经营活动。比如，强大的保修政策，坚持"Worn Wear"计划，鼓励消费者修复、交换或回收 Patagonia 产品，而不是直接丢弃。2022 年 9 月，创始人 Yvon Chouinard 将公司所有股权都捐赠给了地球，用于应对气候变化和环境危机。不以盈利为单纯目标，但 Patagonia 现在已经发展成为估值 30 亿美元的跨国公司；人为控制规模，扩张速度每年不超过 5%，却仍然保持着利润的增长。

位居总榜第二的 Costco 在信任和文化领域获得了单项第一。相较为了"天天低价"而极致压缩成本的沃尔玛，Costco 一直以来都更强调高质量的产品和背后的价值。其独特的会员制模式带来的尊重感和忠诚度，优秀的客户服务，对社会责任，尤其是环保和可持续性的承诺，都提升了人们对品牌的信任度，促使其产生更高的顾客终身价值，最终带来 Costco 的增长。值得注意的是，Costco 对员工也有着超出竞争对手的优厚待遇和福利保障，这些要素共同塑造了 Costco 的品牌形象，使其在消费者、员工、投资者、公众间获得了更好的声誉。

像 Patagonia 一样强调与自然的关系的，还有农机品牌 John Deere，排名第三，并且在文化、产品和服务的维度上排名第二。我们可以从其使命中看到它的文化吸引力："助力那些致力于土地的人——我们生活的土地，我们的世界"。John Deere 的品牌调性一直都是务实、坚韧和创新，并且坚信高质量和持久耐用的产品是他们成功的关键，始终致力于为客户（农民、建筑工人和林业工人）提供最好的解决方案，并尊重他们对土地的承诺。由此可见，John Deere 的品牌文化和具体的市场供应物之间的关系是高度一致的。

2. 品类印象的光环

可以看到榜单前十仍旧以美国本土品牌为主，并且一些中国品牌有较大跌幅。这背后的地缘政治和文化因素不容忽视，但同时我们也需要指出，品类印象也极大地影响了品牌声誉。前十品牌多属于有形商品，户外装备、零售商超、农机、快餐等品类，本身就较易引起人们实在、朴素、自然的正面品牌联想。

衣食住行为民之根本，放诸寰宇皆准，尤其是在全球经济增速整体放缓的情况下，人们回归和更加关注具象的生活，增加了务实的考量。

而作为反例，互联网巨头（Meta，Twitter）等几乎垫底，其层出不穷的负面新闻、产品和服务固化、竞品涌现，消费者已经对其逐渐祛魅。

3. 启示

通过对当下顾客价值重心的迁移和品牌声誉榜单的研究，我们认为应该关注中国品牌出海带来的以下启示：

(1) 学习这些品牌如何讲好情感和价值观的故事

"一个伟大的品牌，它往往是由背后强大的价值观和愿景驱动的。"

中国企业倾向于去过度讲述自己的产品性能，堆砌指标数字。实际上，在这个物质丰富的时代，消费者越来越倾向于先是对某一品牌产生信任乃至尊敬，然后才是购买，尤其是在和生活方式有关的品类上。

所以，我们不能仅限于堆砌硬核数据，还要讲述品牌背后的故事和价值。要用真实的方式去描绘价值观，并且警惕采用居高临下的说教口吻。

(2) 制定品牌战略时要有前瞻性考量，避免成为"什么火做什么"的跟随者

上述企业领先于当时的市场，积极构筑自身品牌资产护城河。不论是采用长期主义视角、与自然共赢，还是以人为本、关注社区和客户真正的需求，都绝非"卖货""贴牌"思维，而是以行动转译了"不止于商业"的使命、愿景和价值观。

我们注意到，这些品牌是从更长远、广泛的利益相关者角度去考虑的，不是只关注当下的热潮。当 CSR、ESG 已然变成"当红辣子鸡"式的企业作秀主题，这时候再去大谈责任和环保，恐怕为时已晚，可能会使企业落入一种战略的平庸。

(3) 品牌不是空中楼阁，顾客最终要看到的是品牌"如何做"

Patagonia、Costco 等企业将商业模式创新，如：鼓励回收、会员制、

3R 原则（减少过度消费、循环使用、回收使用），高质量的产品和服务贯穿经营的始终。一方面，用真诚和真实打动日益精明的顾客，另一方面，向人们提供了更多与品牌互动的触点，创造贴近顾客生活的真实场景体验而融入生活，提高了品牌信誉和顾客终身价值。

（4）提升国际化深度，源于中国并成为新一代全球品牌

比如在出海建设初期，及早布局与消费者联系紧密的渠道（DTC）。注意把控舆情风险，使用当地的文化和语言体系进行沟通，在品牌传播时淡化原产地／国概念而突出文化价值观和奉献于客户等"软实力"。最重要的是，要站在当地顾客的视角去调整企业的经营行为和产品服务，不宜先入为主地照搬照抄。

总而言之，中国企业的第一步是要更加充分地融入国际市场，需要知道如何通过遵守规则和善用规则在市场中领先。进而，中国企业需要超越定式思维并自主制定规则，提出有益于广泛利益相关者的长期愿景，并在实际经营中一以贯之。这是企业能够未战先胜的关键。

二、整合市场推广

（一）线上推广和内容营销

出海品牌做线上推广主要包括：电商平台站内推广、邮件营销、大平台广告推广和内容营销，大平台以外的媒体联盟和程序化广告交易平台、网红营销（YouTube、Instagram、TikTok、Twitter、Snapchat）等形式。

Google 是企业广告投放的重要平台。如何让品牌在谷歌上搜索量变多？ Google 副总裁（VP）和北美智能 AI 广告专家建议企业从积累口碑的角度，首先看自己的产品是不是能够支撑品牌的成长。这包括好的产品设计、客户体验等。消费者在看到产品后会进行多次搜索，如果发现搜索结果显示很多卖家在销售同一个产品，消费者会觉得这个肯定不是品牌，因为品牌要让消费者感受到"我是为你而存在的，我是为你而来的"。中国有很多产品在这方面做得不够好。其次，品牌词不是因为投放了才会成长，而是先有人关注，才会成长。品牌词是为了留住消费者。或者品牌的产品先做销量，再通过品牌词投放，来避免同行竞争。

TikTok 目前也是企业品牌出海的主要传播媒介和销售渠道。TikTok 商家产出 GMV（Gross Merchandise Volume，商品成交总额）的方式包括自己直播或者生产短视频内容、导流到商城（比如亚马逊）、通过达人做直播产出短视频带货等。有些商家会通过直播建立品牌与消费者的信任，增强互动；也有些商家在前期通过建立信任的内容吸引用户，然后在特定的时间用直播破价的形式促进销售。后者比较适合高客单价的产品（先种草再收割效果会更好）。值得注意的是，在 TikTok 中，包括渠道号、达人号等，在美国需要获得电商权限才可开直播，中国公司或个人不能直接在 TikTok 开直播。

由于不同国家和地区有着不同的线上媒介接触习惯，企业还应因地制宜。

比如在美国，电子邮件是日常工作沟通的必要工具，美国企业都非常注重电子邮件营销（EDM）。亚米网有自己开发的 Email 系统，据亚米网创始人介绍，电子邮件营销是唤醒用户最有效的方法。"每天发Email，销量就会提升。大部分客户会留Email联系方式。我们会定期发送广告邮件、根据过往购买数据分析客户喜好定向推送优惠券、根据数据反馈推送新品等，公司有一套完整的邮件系统管理客户。"

电视媒体在美国也很受欢迎。根据Google副总裁和北美智能AI广告专家介绍，在美国有7000万人常看电视，很多YouTube的内容也会在电视屏幕上播放。电视端品牌营销在美国是比较适合的方式，企业可以通过此渠道引流客户至沃尔玛、Costco渠道进行购买，或者登录电视端的YouTube，可以将购买链接推送至收藏，在手机上联动，完成下单和转发分享，形成闭环。电视购物平台在美国依然非常有市场。

在日本，传统媒体仍具有不可小觑的影响力。在日本客户搜索企业时，如果看到高质量的媒体报道，往往会提升对企业的信任度。[①]

网红营销在最近几年非常流行。为此，科特勒咨询集团专门组织了美国网红的访谈，深度了解具体的合作方式、合作费用、效果评估等信息。

1. 合作方式

（1）品牌方将品牌介绍、需求和目标给创作者（品牌方需要明确告知精准客户群体、年龄、性别、消费层级、预算、截止时间、时间计划等信息），然后给创作者自由的创作空间创作视频，而不是品牌方统一一个视频内容和模式给多个网红，这样会导致不真实和展现度降低。

---

① 36氪出海：《独特的日本生态，不变的慢热和耐心》https://mp.weixin.qq.com/s/hVEK_ZC5V9dIc5A022dcGQ。

（2）经纪公司收到资料后，会快速拍一个底稿，在一至两天时间内反馈给客户。客户同意了他们才会发布（虽然有足够的自由度创作，但一定需要获得客户同意）。视频内容最多修改 3 次。如果还达不到要求，经纪公司会更换网红再拍摄。筛选好的网红是经纪公司重要的工作，经纪公司会帮助客户寻找喜欢的、能拍出好作品的、共同成长的网红。

（3）如果希望增加浏览量，可以通过推广付费的形式，但更建议重点关注自然增长的流量。

2. 合作费用

以 TikTok 平台为例，与网红合作拍摄短视频通常费用在 1000—10000 美元 / 条视频不等，如果长时间合作（比如视频呈现时间为 3 个月），平均计算下来更划算。美国网红是佣金结算机制，如果不出单，商家会损失测评成本或联系网红的介绍成本。

3. 效果评估

由于中国和美国人口基数不同，在美国一条视频 300 万播放量和 30 万点赞已属于 TikTok 平台前 10 名。品牌在 TikTok 做广告以增加曝光量、增加知名度为主，不会特别追踪销量。企业可以根据视频播放后短时间内产品销量是否有提升，来确认视频是否有效，然后再讨论继续拍摄视频的计划。美国网红不会直接跟进销售转化。

不过，Google 的广告专家也告诫企业家们，不要过度依赖网红和 KOL 去塑造品牌，作为品牌应该有能力发出自己的声音。"如果品牌没有自己的声音，不能交付最优质的内容，仅仅靠 KOL 来支撑品牌，最后会发现什么都没给品牌留下。所以，KOL 只是帮助品牌做人群覆盖，然后从不同的角度去解读你的品牌。"

需要注意的是：即使在同一个国家或地区，不同族群的媒介接触习惯也存在很大的差异。比如在美国的亚裔日常使用的 App 以小红书、中国微信、韩国 KakaoTalk、日本 Line 等为主。不同媒介平台吸引的用户群体也有差异性。Facebook 的用户偏向成熟年龄；而 Instagram 的用户更偏向娱乐属性、更时尚和年轻化。企业做线上推广，首先要洞察自己的目标消费群具有哪些特征以及媒介接触偏好。

（二）线下推广和活动营销

企业的线下推广方式主要包括：参加展会、投放线下广告（比如机场车站、户外媒体等）、进行活动赞助（比如赞助体育赛事、综艺影视剧、社会文化娱乐活动等）以及特殊场景营销（比如校园推广）等。

在美国，校园大使是企业做校园营销时的重要合作对象，他们在校园里的影响力很大。从短期看，可以帮助企业做推广和组织线下活动；从长期看，他们还可以进入企业工作，对接客户或持续影响校园人群。例如宝洁、可口可乐等国际品牌在很多校园中都拥有自己的校园大使，以更好地达到传播、凝聚、试用与反馈等目标。

有些企业会比较关心如何组合投放线上和线下，以及效果广告与品牌广告的投放比例问题。品牌专家凯文·莱恩·凯勒建议企业把广告放在

"科特勒 5A 顾客购买路径"[1] 当中去看。比如：在起初面向大众市场时，目标客户还不清晰，顾客正在构建兴趣和认知，企业这时很难精准衡量回报率，但是在这个阶段的投放帮助企业拓展了市场、发掘了潜在的客户，对促进公司长久的成功是非常重要的。当客户越来越接近于购买和成交环节，企业需要加强投放精准的效果广告，驱动顺利成交。这时，效果广告的成效更明显，也更容易衡量。对于成熟的公司来说，必须取得平衡和整合，高效协同。效果广告更偏向于计算当下的投放回报比率（公司达到基础销售保底）；品牌广告则为公司带来长期发展。要衡量更长期的品牌投入效果，很多公司有自己的主要维度，比如围绕知名度、联想强度、顾客推荐值 NPS（Net Promoter Score）等主要领域展开，这些指标需要更长时间的衡量周期。不过，不同的企业拥有不同的 5A 顾客旅程和顾客漏斗，在不同环节、阶段的侧重点不一样，品牌投放策略也会随之不同（见图 2-12）。

---

[1] 菲利普・科特勒在《营销革命 4.0》中，将 5A 总结为 Aware（了解）、Appeal（吸引）、Ask（问询）、Act（行动）和 Advocate（拥护）五个阶段。

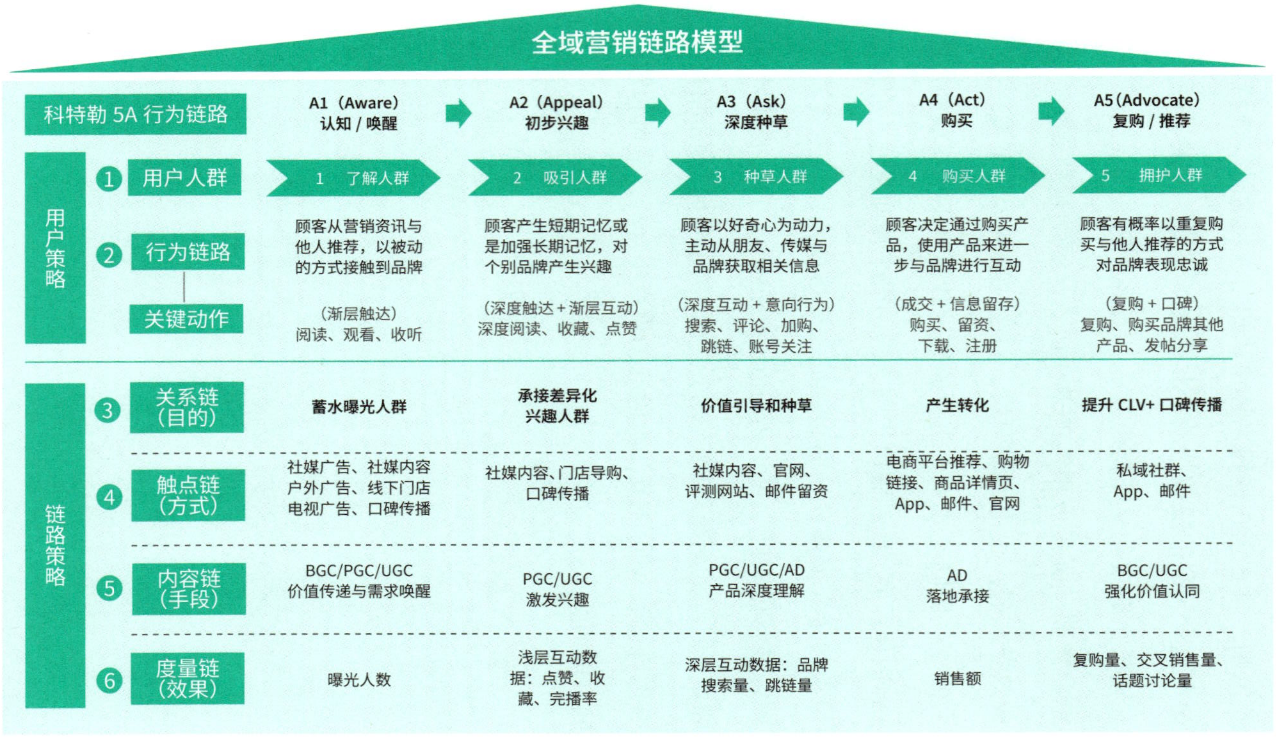

全域营销链路模型

科特勒 5A 行为链路		A1 (Aware) 认知/唤醒	A2 (Appeal) 初步兴趣	A3 (Ask) 深度种草	A4 (Act) 购买	A5 (Advocate) 复购/推荐
① 用户人群		1 了解人群	2 吸引人群	3 种草人群	4 购买人群	5 拥护人群
② 行为链路	关键动作	顾客从营销资讯与他人推荐，以被动的方式接触到品牌（渐层触达）阅读、观看、收听	顾客产生短期记忆或是加强长期记忆，对个别品牌产生兴趣（深度触达+渐层互动）深度阅读、收藏、点赞	顾客以好奇心为动力，主动从朋友、传媒与品牌获取相关信息（深层互动+意向行为）搜索、评论、加购、跳链、账号关注	顾客决定通过购买产品、使用产品来进一步与品牌进行互动（成交+留资）购买、留资、下载、注册	顾客有概率以重复购买与他人推荐的方式，对品牌表现忠诚（复购+口碑）复购、购买其他产品、发帖分享
③ 关系链（目的）		蓄水曝光人群	承接差异化兴趣人群	价值引导和种草	产生转化	提升 CLV+ 口碑传播
④ 触点链（方式）		社媒广告、户外广告、线下门店、电视广告、口碑传播	社媒内容、门店导购、口碑传播	社媒内容、官网、评测网站、邮件留资	电商平台推荐、购物链接、商品详情页、App、邮件、官网	私域社群、App、邮件
⑤ 内容链（手段）		BGC/PGC/UGC 价值传递与需求唤醒	PGC/UGC 激发兴趣	PGC/UGC/AD 产品深度理解	AD 落地承接	BGC/UGC 强化价值认同
⑥ 度量链（效果）		曝光人数	浅层互动数据：点赞、收藏、完播率	深度互动数据：品牌搜索量、跳链量	销售额	复购量、交叉销售量、话题讨论量

（左侧纵向标注：用户策略 / 链路策略）

图2-12　出海营销的5A全链路模型

⭐ 营销案例：米哈游的整合市场推广策略

米哈游天生是个异数。

说到米哈游，可以引出很多话题——

它涉及"一家创业公司敢拿出 1 亿美元用三年研发一款游戏"，还涉及"它居然拒绝了腾讯和字节跳动的投资"，"它仅靠一款游戏就改变了发行渠道五五分成的惯例"，"2021 年一款游戏的净利润就达到 185.4 亿元人民币"，"手握 50 亿现金，满世界找理财"……

据说，没有一家公司会试图挽留要跳槽到米哈游的员工——"他去的可是米哈游啊！"

从 2012 年正式成立至今，米哈游只接受过一轮 100 万元的天使轮融资。就靠这笔钱，米哈游先后做出了《崩坏学园 1》《崩坏学园 2》《崩坏学园 3》，然后就是大名鼎鼎的《原神》，这让人不免纳闷——在腾讯和网易霸占的游戏世界，米哈游是如何突出重围的？

（一）避开硬核联盟发行，独辟蹊径成功破冰

要谈手游，就必须从"硬核联盟"说起。

在游戏版号发放还比较充裕的时代，一款手游是否能够脱颖而出，取决于它在手机应用商店里露出的位置是否更容易被用户看到，或者是否能够被预安装到出厂的手机里。那是手机厂商比较强势的时代，手游公司不得不与手机厂商进行合作来获客。

为了稳固分成比例，避免互相之间的恶性竞争，2014 年，国内主流

的安卓机厂商比如 OPPO、vivo、酷派、联想、华为、魅族、努比亚等成立了名为"硬核"的应用市场联盟，对手游 App 一律收取 50% 的游戏推广抽成。这一分成比例远远高出国际标准（渠道拿 30%，开发者拿 70%）。

与硬核联盟合作的游戏公司需要将游戏接入 SDK（软件开发工具包），用户通过渠道账号登录、充值和支付，收入首先进入渠道账户，在扣除通道费、50% 分成和税费之后，渠道才会定期与发行方对账，并把剩余资金打到发行方或开发者账户。

手游公司开始想尽办法买量刷榜，使自己冲上应用商店里更好的位置来"收割"用户。那时中国的手游用户还处于大规模增长的阶段，游戏公司靠不断给游戏"换皮"①拉新就可以快速赚钱。

但是，形势在 2018 年发生了变化。

首先是国产游戏版号政策的调整。由于主管部门业务调整以及未成年人保护工作的落实等种种原因，每年发放的游戏版号数量呈断崖式下跌。2020 年只有 1316 款游戏获得了版号，较上一年减少了 16.2%。2018 年 3 月至 12 月、2021 年 8 月至 2022 年 4 月，版号更是直接停发。

那些靠不断推出新游戏拉新获利的小游戏公司开始成批倒闭，只有资金雄厚或拥有大 IP 的大型游戏公司，才有"脂肪"度过版号寒冬。游戏公司数量锐减。2018 年，全国注销、吊销的游戏公司数量为 9705 家；到了 2019 年，这个数字增长到了 18710 家，行业集中度进一步提升。

与此同时，手机厂商也开始感到了行业的寒意。用户增长乏力导致

---

① 换皮：是指改变一款游戏的美术作品、音乐作品等游戏元素，但在玩法规则、技能系统、操作界面等方面则不变的"换汤不换药"的改头换面方式。

手机出货量见顶，硬核联盟的议价能力首次受到挑战。

在这个时候，B 站、TapTap、抖音、快手等新的游戏发行和买量渠道开始出现。用户点击这些平台的广告可以直接下载或跳转到游戏官网下载游戏 App。为了拦截漏出的流量，手机厂商开始采用安全警示弹窗的方式，警告那些想从官网直接下载游戏的用户"可能存在安全隐患"，引导他们转而从手机应用商店下载，走五五分成的渠道。

QuestMobile 数据显示，截至 2021 年 6 月，硬核联盟成员国内市场份额占有率达到 60% 以上。游戏公司无法完全放弃手机应用商店的流量，同时又要警惕单一发行渠道带来的风险，只好持续在流量平台买量。结果导致他们一方面要付买量的钱，一方面又要与手机厂商五五分成，成本始终无法压下来。

米哈游在 2011 年由几位交大电院研究生组建，最早推出的《崩坏学园 1》是一款美少女战士单机游戏，因为营收有限，只能靠最初的天使投资维持生存；在 2014 年，《崩坏学园 2》改为网游，开始收获大批二次元拥趸，当年营收超过 1 亿元人民币；到 2016 年《崩坏学园 3》时，当年流水已经达到 23 亿元。米哈游曾经申请 A 股上市，但因严重依赖于单一 IP 的营收结构可能会存在风险最终终止上市。

在撤回 IPO 申请后，米哈游从 2017 年开始研发二次元开放世界RPG 游戏《原神》，历时三年，这款游戏终于在 2020 年面世。此时，国内游戏发行渠道已经发生了巨大的变化。

在与硬核联盟以三七分成谈判失败之后，米哈游直接放弃了传统的手机应用商店渠道，转投 B 站（二次元用户聚集地，米哈游用户浓度高）和 TapTap（零分成模式，米哈游在 2019 年 11 月成为 TapTap 母公司心动网络的基石投资者），引导用户直接下载游戏 App。

《原神》的一炮而红与 TapTap 关系很大，后者的母公司心动网络主要通过自己研发和代理游戏为社区平台吸引流量。作为主打"发现好游戏"的玩家社区，TapTap 被誉为游戏界的"豆瓣"。为了吸引中小型游戏开发者入驻，TapTap 采取零分成的模式，主要靠广告费赚钱。对于一些精品游戏，TapTap 甚至会主动提供广告资源支持。

在避开硬核联盟上线后短短 6 个月，《原神》全球营收超过 10 亿美元。

（二）诞生即瞄准海外市场，多平台全球同步发行

2021—2022 年，国内游戏行业面临的问题不仅来自政策层面的版号停发，还有游戏用户的增长乏力。2021 年，中国游戏用户规模为 6.66 亿人，同比增长仅 0.22%。中国音数协游戏工委《2021 年中国游戏产业报告》显示，2021 年中国游戏在国内市场收入仅增长 6.4%，而在国外却实现了两位数增长。在这种形势下，出海成为必然的选择。

游戏公司出海一般通过两种方式：一是把游戏包体上传到海外的应用商店，比如 Google Play、iOS 等；二是与国外当地的游戏代理商合作，进行营收分成。美国和日本是主要的海外游戏市场。

《原神》从一诞生就选择了在全球 175 个国家和地区同步上线的模式，10 个语言版本同步发行，而且打通了手机端、PC 端和主机端（《原神》成功登录 Switch 和 PS4 等主机平台），在短时间内集中火力赢取最大声量。

在获取流量方面，米哈游通过线上和线下同步进行。比如，线上的信息流广告、VTuber 直播、媒体软文、KOL 推荐等，并重点影响垂直平台比如游戏社区和社媒平台；线下主要通过户外广告、电车地铁广告等扩大曝光面。此外，米哈游还参与了很多国际游戏展会，比如日本东京电玩展、韩国 G-STAR、国内的 ChinaJoy 等。

在发行渠道方面，米哈游主要通过 Google Play、iOS 应用商店进行三七分成的渠道合作。

在内容设计方面，《原神》融合或深化了全球不同古文明来构建游戏世界，使各国玩家都能从中体验到文化代入感。

（三）以 IP 为核心的内容营销公司

米哈游一再对外宣称，自身并非游戏公司，而是 IP 公司。在 IP 产业链上下游，米哈游投资了很多公司，围绕 IP 的创意、设计、研发、生产，与销售、变现等环节进行全链条布局，路径非常清晰。

在上游的内容端和技术端，米哈游投资了画师约稿平台米画师、做 VR/AR 内容开发的吾立方、动漫形象设计研发公司艾漫动漫、手机游戏开发公司魔剑网络、视频云解决方案公司蔚领时代、漫画阅读服务平台阿佩吉、动漫游戏软件开发公司神猫企划、配音平台奇响天外等。

在下游的发行端和 IP 销售端，米哈游投资了动漫电商销售公司凌梦科技、动漫 IP 线下新零售品牌潮玩星球、密室逃脱连锁奥秘之家、游戏开发代理公司心动网络（TapTap 母公司）、模型玩具公司湃思文化、游戏媒体机核网、泛二次元文化衍生品新零售品牌十二光年、陌生人社交

App Soul、潮玩平台 Suplay 等。

在投资产业链上下游之外，米哈游还进一步探索"元宇宙游戏"的可能性，投资了瑞金医院的脑机接口项目。值得一提的是，与国内其他大厂不同，米哈游至今没有代理过第三方游戏，也没有投资过第三方游戏公司。

作为一家 IP 公司，米哈游的产品不仅包括游戏，还包括 IP 衍生周边。目前，米哈游主要通过米哈游天猫官方旗舰店与原神官方旗舰店销售米哈游自家所有游戏 IP 周边，包括手办、衣服、键盘、手机壳、抱枕、挂坠等。其中，定价为 1299 元的凝光·掩月天权手办销量已经超过了 1 万件。

在版号数量锐减之后，游戏版号成为稀缺资源，以往"大干快上"的粗放式游戏生产模式逐渐被淘汰。为了使游戏的生命周期更长、拉动更多复购，游戏厂商们不得不在内容质量上下功夫，催动游戏向 IP 化、精品化方向发展。

截至 2022 年 4 月份，根据《原神》官方数据表明，《原神》全球玩家数量已经达到 5600 万[①]，成为发行渠道不可忽视的必选产品——事情发展到这里已经反过来，不是游戏希望借助渠道发行，获取渠道的流量，而是渠道要借助精品大 IP 来吸引流量——这就是品牌的力量。

先是小米应用商店（小米不属于硬核联盟，但分成比例一般也在50%）接受了《原神》提出的三七分成的比例，同意《原神》上架；紧接着 2021 年 9 月，腾讯应用宝也接受了这一比例，《原神》上架腾讯应用宝。2022 年 3 月，米哈游成为中国游戏厂商出海收入排行榜第一名，前六名中其他五名依次为 FunPlus、腾讯、三七互娱、莉莉丝和网易。

---

① 截至 2023 年 12 月，这一数据超过了 2.4 亿。

出海营销第五步
——构建组织能力

　　新质生产力"高科技、高效能、高质量"的能力发挥，其保障是背后的组织能力以及运营能力。组织结构是企业内部运转和管理的基础。除了营销相关的部门，企业品牌出海还涉及负责物流和售后服务的部门、法务税务的部门以及融资部门等（见图 2-13）。良好的组织结构可以促进企业内部的沟通协调和决策效率，提高生产效率和工作效率，从而有利于新质生产力的提升。

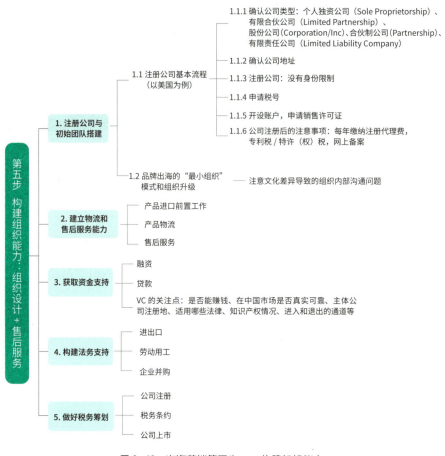

图 2-13　出海营销第五步——构建组织能力

一、注册公司与初始团队搭建

（一）注册公司基本流程（以美国为例）

根据科特勒咨询对 Magstone 律所和 UHY 会计师事务所的访谈整理，在美国注册公司的主要步骤为：确认公司类型——确认公司地址

（用于接收各类文件、注册许可等）——最好找个美国身份的人做公司秘书——注册公司——申请联邦税号——开设账户——申请销售许可证等。

1. 确认公司类型

包括个人独资公司（Sole Proprietorship）、有限合伙公司（Limited Partnership）、股份公司（Corporation/Inc）、合伙制公司（Partnership）、有限责任公司（Limited Liability Company，简称为 LLC）等。

2. 确认公司地址

公司注册地点和办公室，可以寻找类似 Wework 的空间办公或者专门找虚拟地址以获得合规的资质。

3. 注册公司

公司注册文件一般包括公司成立章程以及细则等，内容涉及公司的经营方式、管理和股权结构等概要信息。如果是注册股份有限公司，还需要提供发行股票的数额以及面值。将文件递交给相应的州政府机构，并支付一定的注册费用。

任何人都可以在美国成立公司，在美国成立公司没有身份限制。学生签证持有者、中国公民、绿卡持有者等都可以注册公司。持有股票和设立公司，本身相当于持有一个资产。

S Corporation 是一种比较特殊的融资形式。S Corporation 是

通过美国国税局（IRS）税务选举创建的一种特殊类型的公司。它结合了公司的有限责任优势和合伙企业的税收优惠，避免了传统公司（C Corporation）常见的双重征税缺点 [①]。但是公司的股东只限于美国公民和绿卡持有者，必须是美国国内公司，股东人数不得超过 100 人，且只能发行一类股票。

S Corporation 不太常见，且税收标准略有不同，C Corporation 是大多数情况下的优先选择。C Corporation 是股份有限公司的标准型。与 S Corporation 相比，C Corporation 股东数量不受限制，可以是个人、其他公司或外国实体。C Corporation 可以选择以公司的名义纳税，根据公司的利润支付企业所得税；还可以选择将利润分配给股东，并由股东申报个人所得税（双重征税）。

美国公司的注册资本和股东都是非公开信息，仅存在公司内部文件中，无法公开查询。美国没有公开查询企业工商信息的平台，如果要查询需要对方公司提供相关文件，律师也不可以在对方不提供文件的情况下正常查询美国工商信息。

注册公司的主要目的是：隔离个人责任和公司责任。中国风险投资和国外风险投资很大的区别是，国内风险投资通常要求公司创始人 / 老板个人承担连带责任或抵押、保证、担保，而美国个人通常不承担连带责任，设立公司的目的就是隔离个人与公司风险。

---

① 在 C Corporation 中，利润在公司层面征税，支付给股东的股息在个人层面再次征税，导致双重征税。而 S Corporation 允许利润和部分损失直接流入股东的个人纳税申报表，从而避免了双重征税。

4. 申请联邦税号 ①

如果企业主要负责人是美国身份，审批 1 天可完成；以外国人身份申请，审批大约需要 30 天，企业获得联邦税号后才可进行银行开户申请（需要注意时间安排情况）。

5. 获取营业执照和许可证，并开设银行账户

6. 公司注册后的注意事项

每年缴纳注册代理费：这是法律硬性规定，当政府找不到企业时会寻找注册代理，注册代理负责帮政府转交信件，或者公司被另一方诉讼，法院传票可能会发给注册代理。（大约每年 200—400 美元，注册代理可以更换）

专利税 / 特许（权）税：如果公司在美国某个州获得运营资质，就需要缴纳该税。税费计算有具体公式，费用根据公司授权股份、发行股份、资产的比例计算，每家公司金额不同。

网上备案：根据每个州的要求，在网上备案公司最新地址，可以自己操作或者请服务机构操作。

（二）品牌出海的"最小组织"模式和组织升级

在成功注册公司之后，企业需要建立自己的本土团队，即海外最小

---

① 联邦税号：Employer Identification Number，简称 EIN。

营销组织（见表 2-5），界定自身业务所需具体岗位和人数，比如技术团队、产品团队、营销团队、客服团队等，并聘请适合的税务顾问和法律顾问。有些国家会对组织中的本地人数量有一定要求。比如沙特有个专业用语"沙化率"，就是指沙特人力资源和社会发展部（MHRSD）在 2023 年底发布的"当地员工占总员工比例"的要求——雇佣 5 名及以上销售人员的企业，销售岗位的沙化率为 15%；采购行业的沙化率要求为 50%；项目管理领域为 35%[①]。在没有具体要求的国家，企业也应尽量雇佣本地员工，其中，由本地人担任客服至关重要，我们将在下一节详细谈到这个问题。

表 2-5　出海组织的变化与升级

出海阶段	组织的变化与升级
第一阶段	只在内部设置重要和关键岗位 + 业务外包 （关键岗位是指管理岗位或与业务增长目标和营销策略有关的岗位）
第二阶段	健全企业组织和关键岗位 + 职能外包
第三阶段	建立"以国家市场为主的总部" + 国家经理的体系
第四阶段	相对独立的国家本土经营团队与发展机制
第五阶段	真正成为全球本土化品牌，建立全球第二总部

① 财经杂志：《谁在中东闷声发财》https://mp.weixin.qq.com/s/hrez2EYJCpL7KIizPOkhuA。

有两类营销人值得特别关注：

第一类：创业式的营销组织和创业式的营销人。核心特点是非常受"机会驱动、创业创新驱动"，他们会寻求新的创新，寻求积极的改变，寻求能够符合市场趋势的新模式、新传统，不会墨守成规，对市场变化非常敏感。创造新产品，打造新产品，遇到新模式。他们强调领导力和创业式的精神，不断在重新求变、寻求更好，用更好的配方就得做更好的东西。这类人具备创业者的心态，和创业者很类似。

第二类：专业营销组织和专业营销人。他们很专业，并会关注企业的营销效率、ROI、如何能够快速把产品推上市，让产品卖得更多。但是他们卖得更多的是固定产品和既有产品，确定且已经长期被实践验证过的标准化模式。他们关注合规、效率、流程的通畅性、一成不变的可重复性。

专业式营销人实际上是财务导向和既定的商业模式导向。创业式营销人是市场趋势、创新和突破式导向。这两类营销人在公司里都应该存在，他们发挥着不同的作用。

——科特勒咨询集团首席顾问、"现代营销学之父"

菲利普·科特勒教授

亚米网的团队拥有 100 多人，主要包括技术开发团队（中国）、客服（中国、美国）、Sourcing 产品开发团队（中国、美国）、部分采购人员（日本、韩国）、直播（中国杭州）以及其他团队。其中仓储管理部分人员是劳务外包形式。

另外，企业必须注意因文化差异导致的组织内部沟通问题（见表2-6）：

表 2-6　不同国家组织的沟通差异

	中国	美国
沟通方式	电话沟通	邮件沟通
沟通风格	倾向于婉转表达或私下表达	倾向于现场直接讨论并明确达成意向
员工关注点	工资奖金的金额	带薪假期、福利性待遇、企业对社会的影响、工作内容的意义、公司价值观、公司愿景等

二、建立物流和售后服务能力

美国是一个退货比较自由的国家，30 天无条件退货后的产品处理利润成为影响众多品牌的核心问题，最大的损失也可能来源于退货。因此，产品如果想进入美国大渠道，大渠道都会要求品牌提供维修合约与售后解决方案（见表2-7）。如果没有售后解决方案，大渠道是不会销售该产品的。

表 2-7　出海物流与售后服务流程 [1]

	产品进口前置工作	产品物流	售后服务
流程	提前详细了解不同产品的进口要求—送少量货物以及相关文件进海关查验和报备—解决该新产品进口的所有问题—大批量货物通关	与专业的物流、仓储公司合作解决细节问题，例如"摔机"测试、重量测试、包装测试、产品的抗外力损坏性等	将退货仓储改到亚利桑那州或墨西哥等距离合适但场地 / 人力成本较低的仓库—简易的分货方式—根据货物情况统一维修、配送
注意事项	1. 货柜物品要实报，避免被惩罚或者影响后续进口工作。 2. 正确的进口产品税号，避免增加成本和影响效率。 3. 一定要购买产品保险，特别是消费型产品（包括吃、用、玩等），一定需要保险支持，包括消费者是否安全使用产品也是美国很关注的问题。	1. 针对大件较重的商品：需要专业机构协助与物流配送公司多次商讨研究，如何可以更高效、安全、不被损坏地将特殊大件产品送达。 2. 根据渠道备货更换包装的服务（可能不同渠道产品相同但包装不同，当某个渠道货物紧缺时可以通过更换包装解决问题）。	1. 建立渠道性服务体系很重要。企业可以通过与专业的线下服务商合作在全美快速实现线下服务点铺设。 2. 美国经营产品需要搭建完善和专业细致的客服体系，尽可能让客户不退货。 3. 由于物流人工费用较高，有些商品会选择直接退款不退货。 4. 建立退货的二次销售渠道。

在 Furniture of America，最大的部门就是客服部门。因为客户在购买产品前一定会关注过往评价，过往评价直接影响客户是否能够顺利转化。而客服部门的主要任务就是消除差评和降低退货率。Furniture of America 会做好培训和解决方案，避免客户退货（尤其是大件商品、高客单价商品）而产生巨大的成本。为了服务全球客户，会安排 3—4 种语言的客服，分别是中文、英文、西班牙文、墨西哥文，并在不同

---

[1] 内容由科特勒团队根据 Ateam、AIC Motorsports 访谈整理。

国家设立客服电话中心 24 小时服务。为了提高沟通效率和服务满意度，Furniture of America 选择自建客服团队而非外包，严格管控培训能力、专业能力、服从能力、服务能力、回复速度等因素。

三、获取资金支持

企业出海获取资金支持的方式主要分为债券融资和股权融资两种。国内和海外差异不大，主要差异在于国外资本市场更成熟、分工更细、分层更多。

比如硅谷银行（SVB）[①]的创业贷款模式，目前在国内基本没有同类。硅谷银行本身不做短期贷款，市场上有 None Bank Financial Services（非银行金融服务公司）可以提供短期贷款，不过利息更高。硅谷银行只做两类贷款：风险债务融资和基于应收账款的贷款。

1. 风险债务融资

更多是一种避免价值稀释过快的战略性融资。在投资公司投资该企业后，SVB 再提高一定比例的贷款，延长企业下一轮的融资时间。一般为期三年或三年半。

---

① 2023 年 3 月，硅谷银行因资不抵债在 48 小时内迅速倒闭，美国联邦存款保险公司（FDIC）迅速接管了硅谷银行，并查封了其存款。美国财政部、美联储和 FDIC 发表联合声明，表示将全额保护硅谷银行所有储户的存款，从 2023 年 3 月 13 日开始，储户可以使用他们账户里的所有资金。

2. 基于应收账款的贷款

企业处于中后期有明确的应收账款，银行根据应收账款证明提供例如 80% 或其他比例的短期贷款，假如 3 个月应收账款收到后即归还。

如果企业成立时间较短或者不具备从境外银行贷款的条件，也可以通过"内保外贷"的方式获取资金（见图 2-14）。由商业银行为中国企业提供信用担保，再由银行的海外机构为该企业在境外设立或参股的企业提供贷款。不过，这种方式要求境外企业必须有中资法人背景，以及提供主体资格合法性、商业合理性、主债务资金用途和履约倾向性等方面的证明。

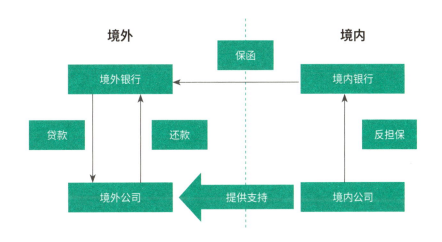

图 2-14　"内保外贷"流程示意图

在股权融资方式中，Techstars 的导师模式比较有特点，与国内纯财务投资和孵化不同。Techstars 每年投资超过 800 家创业公司，覆盖 14 个国家，投资组合总额超过 970 亿美元，已孵化出 22 家独角兽公司，主要关注金融科技、人工智能及人工智能的数据训练、医疗科技、区块链技术及应用、新技术、新应用等领域的创业公司。导师制会按照细分领域来指导，也会联合大公司让新项目获得更多机会、资源和市场发展。据介绍，Techstars 对企业的筛选通过率大约为 1%—2%。

开放式创新也可以作为一个独立的模式，以大企业与专业机构为主导，大企业有目标地提出主题，吸引创业企业或人才、技术来合作，从而获得资金、市场、资源的支持。创业投资公司 Plug and Play① 在全球选拔优秀的创业企业，支持他们经营、打开市场、成为独角兽企业及持续成长。比如：加入"加速训练营"项目的创业公司，可以直接与大企业、大渠道链接，同时训练营中大企业也会开放需求与创业公司合作，而这个需求是非常真实的。同时，Plug and Play 也为大企业做开放式创新，大企业也会成为 Plug and Play 的生态合作伙伴。这些大企业需要付费进入 Plug and Play 生态中获得创新资源、新科技、新产品和其他商业发展目的，再将创新成果、产品或技术纳入企业实际经营的各个环节中（目前是按照行业进行区分）。国内也有类似项目，比如阿里巴巴等。

最后，海外大学的基金也比较有特点，跟国内不同。海外大学会利用社会资金，支持实验室、教授、学生做成果转化。

VC 投资中国公司主要关注以下几点：是否能赚钱，在中国市场是否真实可靠，主体公司注册地适用哪些法律，知识产权情况，进入和退出的通道等问题。

---

① Plug and Play 是一家全球知名的创业加速器和风险投资公司，提供包括加速器项目、风险投资、企业创新服务、市场开发等在内的全方位服务，投资的领域包括但不限于科技、移动、能源、金融科技、保险科技、健康科技、零售和物联网等。

四、构建法务支持

不同国家的政策和法律存在很大差异性，包括进出口、公司注册、劳动用工、广告传播、用户隐私、企业并购等方面都可能引发法律纠纷，企业出海必须关注法律方面的问题（见表 2-8），建议聘请专业的法律顾问或团队支持企业日常运作。

表 2-8　出海要注意的法律事项（美国示例）①

要注意的法律事项	
进出口	美国对于进出口要求非常详尽和严格，需要进行合规申报，避免不必要的麻烦
劳动用工	美国雇员和合同工的区别：对于雇员，公司需要为其缴纳社保、保险等；对于合同工则不需要。合同工定义是"与雇主的工作内容不同"。如果雇主做软件，合同工也做软件，这叫"错误分类"，触犯美国劳动局规定，因此不能因为想省税、省社保、省保险，而认定雇员为合同工
企业并购	国家安全申报：并购的公司是否涉及关键性技术？关键性技术运用到哪些关键性领域？是否是关键性的基础设施？是否涉及敏感的个人信息？是否涉嫌垄断？

亚米网创始人对此深有感触，"企业应当注重聘请专业法律团队，美国是一个任何事情都可能引起诉讼的国家。特别在劳动方面（包括解雇情况），美国是倾向于员工的。企业在与律师沟通时，要明确这件事所需的费用、时间、精力、可能的赔偿结果。在美国，任何事情都可能引起员工的法律诉讼，不是仅道歉就可以解决，解决方法会涉及罚款甚至其他。对

---

① 内容由科特勒团队根据 Magstone 律所访谈整理。

了，当着国外员工的面说中文，也可能引来员工诉讼'被歧视'。"

值得注意的是，在美国，如果被告（被诉人）在收到法院传票和诉状后选择不应诉，法院有可能在被告缺席的情况下进行判决，通常这种判决会倾向于满足原告的所有要求或提出的主张。因此，在面对法律诉讼时，企业及时寻求法律帮助，并积极参与法律程序通常是非常重要的。

五、做好税务筹划

税务筹划包括公司注册和上市的诸多税务相关事宜。美国各州税法不同，企业从早期到成熟期或上市阶段，一定要有预见性地做好税务筹划（见表2-9）。

表2-9　出海要注意的税务事项（美国示例）[①]

要注意的税务事项	
公司注册	在美国注册公司，无论创始人、股东是否美国身份，都需要交税。美国商业实体主要分为"实质性公司"（Individual Entity）和"税收透明体"（Pass through Entity）： 1. "实质性公司"：股份有限公司 C Corporation——自己负责报税并承担税赋 2. "税收透明体"：合伙人企业 Partnership、S Corporation 和穿透体（Disregard Entity，只有一个所有者的有限责任公司 LLC）——只负责报税，本身并不承担税赋，税收由透明体的所有者承担

---

① 内容由科特勒团队根据 UHY 会计师事务所访谈整理。

续表

要注意的税务事项	
税务条约	双边税务条约：香港和开曼公司（属于避税港）在美国的"黑名单"中，跟美国没有税务条约，美国的公司支付香港和开曼的母公司的分红利润分配中有 30% 的税务成本。中国和美国有双边条约，分红利润仅有 10% 的代扣代缴税和 5% 的利息代扣代缴税
公司上市	上市方式包括：首次公开募集上市（IPO）、美国存托股证上市（ADR）、直接上市（DPO）、私募资金 QIB 上市（144A 条例）、反向收购上市（RTO）、特殊目的收购上市（SPAC），会计师事务所会提供审计和财务咨询服务。一定要选择美国公众公司会计监督委员会（PCAOB）注册的事务所，来给美国预上市的公司做审计

第 3 章

实战出真知
——那些闯出去的品牌

创想三维：细分品类破圈，打开大众消费市场

表 3-1　创想三维基本情况一览表

项目	内容
创立时间	2014 年
所属行业	3C 电子
主要产品	包括产品、服务、平台和社群在内的生态系统：产品包括 3D 打印机、激光雕刻机、3D 扫描仪以及耗材、配件等；服务包括设备保修和换新服务 Creality Care、耗材定期配送服务 Creality Supply 等；平台包括创想云和会员服务
渠道策略	跨境电商平台＋独立站＋地区经销商
传播策略	以搜索广告和电商站内广告为主
关注重点	1. 破圈的关键在于找到高潜力转化人群，将消费级 3D 打印产品划分为三大需求、六大场景和九大细分用户群体； 2. 从场景价值（三个细分指标）、消费端用户价值（三个细分指标）、商业端用户价值（三个细分指标）等维度对细分人群进行评估； 3. 从同类产品竞争优势（三个细分指标）、替换产品竞争优势（三个细分指标）等维度，对创想三维的产品进行评估； 4. 确定"成长底线"业务，以及关注包括"具象化爱好者"在内的三大"增长线"业务，并不断有针对性地扩展业务边界； 5. 根据最终确定的细分人群，制定对应的传播策略和渠道策略； 6. 根据用户场景需求构建产品、服务、平台和社群的生态系统，激发增长飞轮

　　细分品牌或小众品类向大众市场破圈，是营销增长中一个永恒的重要课题。

　　多少超新星品牌倒在了从小众向大众破圈的征途之上。业内总结的三板斧"小红书 KOL 铺笔记＋知乎大号铺问答＋顶流直播带货变现"，确实有利于超新星品牌从零到一的破冰。但是，在积累了第一批顾客之后，品牌如何实现从一到百的突破，将决定未来的生死存亡。

　　有的品牌选择了大打广告，却发现很少有人买单；有的品牌选择补上研发课，却由于短期内糟糕的市场表现面临失血风险；有的品牌借助风口起飞，苦苦寻找下一个风口以达成持续的机会型增长，却在风停之际猝然跌落……

　　与面对大众市场的细分品牌相比，处于小众品类中的品牌面临的挑战更大：由于小众品类的消费者规模本身就比较小，破圈不仅考验品牌的传播能力，更挑战企业的产品研发能力和渠道布局能力，甚至还会影响到企业内的组织架构问题。

　　如何突破增长的透明天花板？如何解决小众品类用户破圈的问题？如何借助破圈达成稳定业务增长？

　　今天我们要讲的这家企业，就来自这样一个小众品类——消费级 3D 打印。

一、7 年增长 600 倍，行业领头羊提出新问题

　　传统制造技术是通过开模、切割、铸造或锻造，再进行部件组装完成的。而 3D 打印是指以数字模型为基础，将材料逐层堆积制造出实体物

品的新兴制造技术，又叫"增材制造技术"。

大家看它的定义可以发现几个关键词：数字模型、材料、制造、实体物品。这四个关键词基本概括了 3D 打印的产业链：上游是原材料、核心硬件和辅助运行的软件等，中游是打印设备和技术，下游则是具体应用领域，比如航空航天、汽车、医疗、教育、文化创意等。

3D 打印设备按机体尺寸，可以分为工业级和桌面级；按用途则可以分为工业用途、军用和民用等。2017 年的行业数据显示，在全球 3D 打印应用市场中，工业用途 3D 打印占 55% 的份额，军用占 16%，民用仅占 29%。

但是，2019 年末的新冠肺炎疫情导致人们宅家场景增多，部分日常必备品面临缺少供给的问题，尤其是防护设备。民用 3D 打印机由于价格相对较低、使用方便，就此迎来"风口"。根据 B2C 跨境电商平台全球速卖通数据显示，2020 年底，该平台上 3D 打印机的销售额和 2019 年相比已经翻番。

创想三维是一家定位于消费市场的桌面级 3D 打印机制造商，由唐京科、陈春、敖丹军、刘辉林四人共同创立于 2014 年。四位联合创始人分别负责研发、供应链、营销、运营，都曾在各自领域有多年从业经验。

创想三维的第一款产品于 2015 年开始在海外市场销售，2016 年从代工转向打造自有品牌，2019 年全球出货量为 50 万台，服务国家超过100 个。

2020 年 2 月 8 日，创想三维向全球共享了其开发的 3D 打印口罩和护目镜开源文件，引来海量用户下载。数字模型是 3D 打印的基础，模型开源降低了顾客使用 3D 打印机的门槛，带动了打印机设备的销售。

创想三维的多数桌面级硬件产品价格在 3000—5000 元，比国外品牌性价比更高，很快成为顾客入门首选。截至 2021 年底，创想三维在全球已拥有超过 160 万名顾客，年出货量超过 100 万台，市场拓展到全球 192 个国家和地区，其中 90% 以上的收入来自海外市场。

至 2021 年，创想三维在短短 7 年时间中，收入累计增长 600 倍，成为该行业的头部公司之一。就在飞速增长之际，居安思危，创想三维创始团队前瞻性地提出了一个问题：如何实现持续的、可预测的、可管理的增长？

二、锚定问题：从机会增长到刚性增长的路径图

在选择科特勒咨询集团之前，创想三维曾接触过多家国际咨询机构。因此，在第一次沟通时，创想三维团队非常谨慎。他们对科特勒项目团队每个成员都进行了"面试"之后，才敲定了本次合作。

科特勒咨询集团对于跨境企业的吸引力在于：同时拥有中国和美国两大团队，中国区团队更为本土化，更容易理解和洞察国内企业客户的需求，沟通更顺畅；美国总部团队则更熟悉欧美市场和当地消费者。另外，此次项目科特勒咨询美国团队中的高级咨询顾问瑞恩·海佛德是增材制造和桌面 3D 打印领域的市场营销专家，曾与麻省理工学院、哈佛大学、纽约大学等合作过增材制造项目。中美团队合作能够有效地为跨境企业提供所需的各类咨询服务。

借助科特勒咨询美国团队提供的调研数据，项目组发现：虽然名为"消费级 3D 打印"，但事实上，桌面级 3D 打印尚未真正进入消费级

市场。也就是说，目前以"专业人士、极客、创客、玩家"为主的顾客群体，并不能充分代表大众消费群体的需求和消费特征——毕竟，并不是所有人都有设计、创新和探索的需求，也不是所有人都有数字建模的能力。

因此，现有行业规模和增速也许并不代表未来。一个时期的大幅增长能否就此确认需求是可扩张、可持续的呢？这个问题正是这个咨询项目要回答的。

另外还有一个关键的问题：创想三维如何借助产业风口磨练自身的飞翔能力，实现从机会性增长到战略性增长的突破？

一方面，3D 打印的消费级市场处在技术生命周期曲线的早期阶段，主力顾客群体仍集中在极客、创客、设计及专业人士群体，而这一群体的天花板并不高，短期爆发式增长势头也在进入平缓增长阶段；另一方面，经过 7 年的发展，作为创想三维主要分销渠道之一的跨境电商的增长红利期已基本结束，"能够谈的跨境渠道和经销商都谈了，再谈下去，无非是用同样的渠道覆盖同样的用户，增长就会变成内卷的过程"。科特勒项目组负责人 Darren Li 表示，"如果不进行大众化破圈，可能会面临增长乏力的危险"。

因此，科特勒咨询将项目分为两大阶段：问题诊断与解决方案。

在问题诊断阶段，科特勒项目组密集访谈调研了近百人，其中包括内部员工、外部行业专家、从业者和重度用户，最终挖掘出十余个影响创想三维增长的关键问题，包括从顾客、品牌到渠道和组织架构等领域，同时与创想三维企业高管团队不断沟通以达成共识。

作为将新科技、新技术、新产品推向早期市场的创新型智能制造企业，创想三维能否获得长期稳定增长的关键点是：如何从早期种子用户破圈至大众用户，从而逐步打开大众市场的突破口。而决定其能否进入大众消费市场的关键，是解决以下三个问题：

（一）从现有顾客群体向哪些相关群体渗透？

从小众向大众破圈，最简单的办法就是在大众媒体重复投放广告，以声量优势"广撒网"来达到"多捞鱼"的目的。但是如同"世界百货业之父"约翰·沃纳梅克所说，你起码会浪费掉一半的广告预算，因为看到广告的人可能对你的产品根本没有需求。

因此，对于小众品类来说，一般会通过搜索广告、程序化广告等更为精准的广告形式进行投放，但是这同样带来一个问题：对拥有高契合度标签的用户反复投放多次之后，这个人群已经"被洗得差不多了"，你同样会遇到透明天花板。那么，如何找到可能有需求的相关群体？

（二）如何提高大众用户的拥有和使用意愿？

相对于需求明确的极客、创客和专业设计群体，3D 打印能否为大众用户提供更高的用户价值？在确定要渗透的相关群体之后，它需要回答大众用户的一个问题：我为什么需要你？想要你？这需要品牌对用户需求有精准的洞察和感知。

（三）如何降低大众用户的拥有和使用成本？

企业的业绩增长来源于三个方面：顾客价值（Value）、顾客资产（Customer Asset）和关系杠杆（Relationship）。我们将之称为"VCR模型"（见图 3-1）。其中，顾客价值是顾客的感知价值减去顾客的使用成本。如果用一个公式来表示 VCR 模型，即：**企业业绩增长 = 顾客价值的提升 × 顾客成本的降低 × 顾客资产提升 × 关系杠杆**。大家可以看到，"顾客成本的降低"是关键因素之一。在营销学中，"成本"不仅包括经济成本（顾客要花多少钱），还包括时间成本和精力成本（顾客要花费多少时间和精力才能搜索到该产品、认知和学会使用该产品）。因此，在能够激发大众用户拥有和使用意愿（need、want）的前提下，品牌还要解决一个问题：用户具备拥有和使用产品的能力（can、capacity）吗？比如：能否降低产品价格？能否降低用户使用产品的专业能力门槛？能否降低用户的认知和学习成本？……

图 3-1　科特勒咨询集团 VCR 模型

基于此，科特勒项目组聚焦十余个问题，挖掘问题背后的原因，合并同类项，同时考量其紧急性、重要性以及可解决性，由此确定了三大核心任务，分别为：突破用户圈层、营销模式创新、重塑品牌体系。至此，锚定问题阶段正式结束。在第一阶段报告会散会后，创想三维的一位高管表示，"你们对问题的总结和判断非常准确"。接下来，解决方案将围绕这三大核心问题展开增长路径的设计。

三、丰富用户使用场景：从场景扩展到用户破圈

从小众群体向大众群体破圈的第一步：为产品开发更为丰富的用户使用场景。

"我们当时做调研，去挖掘用户使用 3D 打印机的杀手级应用场景。比如亲子教育场景，父母给孩子打印手办或者玩具等。把这种场景找出来以后，再去看这个场景代表的潜在市场有多大，这是最开始的方向。"科特勒项目组成员 Jason Wang 介绍说，"我们实际测算过，比如美国市场有多少适龄儿童，通过估算市场渗透率来计算潜在市场规模，但是这个数据很难准确。因为 3D 打印市场还不成熟，很多美国数据机构也无法提供准确的预估数据。"

因此，项目组及时调整思路，将核心回归到顾客本身：如何从现有顾客群体做突破，使其影响到真正的大众消费群体。

创想三维当时的顾客主体是精英群体代表，比如极客、创客、玩家、专业设计人士等。围绕这一切入点进行延伸，科特勒项目组提出了一系列潜在大众客群的切入方向，将消费级 3D 打印产品划分为三大需求、六大场景和九大细分用户群体。

从"玩机"需求看，科技体验是这一需求的核心场景，对应两类细分人群：追求极致体验的极客和体验新鲜科技的玩家。

从"打印成果"需求看，有具象化、生活方式、设计生产这三大场景，分别对应虚拟世界的爱好者、追求个性生活的知识分子、满足多样化需求的中小微企业。

从"教育"需求看，机构教育场景对应注重素质教育的中小学、致力于科技探索的高校、培养专业技能的技术学校，亲子教育则对应关注孩子思维培养的家长。

由于目前 3D 打印行业在消费级领域仍处于市场初期，没有明确的行业先例对用户群体进行价值评估，因此，科特勒项目组以通用的市场评估衡量标准建立了"场景吸引力评估机制"。

从场景价值（三个细分指标）、消费端用户价值（三个细分指标）、商业端用户价值（三个细分指标）等维度对细分人群进行评估，同时结合科特勒团队基于消费级 3D 打印产品在同类产品竞争和替换产品竞争维度下建立的竞争力评估标准，从同类产品竞争优势（三个细分指标）、替换产品竞争优势（三个细分指标）等维度，对创想三维的产品进行了评估。

经过模型评估，最终科特勒团队和创想三维共同确定了其"成长底线"业务，以及关注包括"具象化爱好者"在内的三大"增长线"业务，并不断有针对性地扩展业务边界。

以"具象化爱好者"为例："具象化"，就是把抽象的事物表现出来，形成具体的形象，与之对应的是"抽象化"。具象化爱好者乐于将虚拟和抽象的形象转化为实体，比如动漫手办。

这一细分市场的客群画像明确，与创想三维目前主要用户 —— 极客和玩家用户重合度高，有较大可能产生有效连接，而且这个细分市场的人群愿意为热衷的 IP、人物形象、场景等付费，部分玩家希望在此基础上实现个性化创作。2022 年，"元宇宙"概念受到市场追捧，使虚拟形象再次受到大众关注。而 3D 打印机正是连接现实生活与元宇宙的关键转换点之一。这一市场是大众消费市场的重要切入点，将会长期影响主流消费人群对 3D 打印的认知度。

在这一细分市场，创想三维可以面向热爱虚拟世界的青少年通过 DTC 和线上零售经销商的方式进行销售。以"Simple and Easy"（简单易用）的价值承诺为目标，首先聚焦于满足"Ease of Use"（易用性）

中消费者最核心的关切点，设定"首三打成功率"为北极星指标。

面对这一细分市场，**创想三维进一步关注用户的社交价值和情感价值，为用户提供差异化的产品体验。**

比如：通过丰富和优质的模型和 IP 资源，帮助用户更简便地将在虚拟世界的精神寄托转移到现实生活中，满足自我表达的需求；通过多样化的玩法、内容、功能，使用户通过 3D 打印获得对自己爱好的社会认同，创造社交货币，满足获得社会认同的需求。

四、降低用户认知成本：品牌战略的升级和演进

2021 年，创想三维共有"Creality""Ender""Halot""Sermoon"四大品牌线，四大品牌之间如何形成有效协同，并且强化顾客对创想三维"品牌屋"的整体认知是关键议题。

科特勒项目组认为，消费级 3D 打印市场尚未被充分定义，应用场景和消费者需求尚未分化，因此应该立足于当前市场份额第一的品牌势能，重点打造旗舰品牌，使用户一看到 3D 打印就会想到创想三维品牌，形成"品牌即品类"的影响力。

因此，科特勒咨询提出：**优化品牌架构，聚焦品牌资产，丰富主力品牌，向用户和经销商等利益相关者清晰传递"我是谁""我为什么好""我的好和你有什么关系"等**，以此拉动经销商和顾客的主动选择。

五、提升用户体验价值，发展 DTC 能力，助力经销商发展，提升服务效果

对于任何行业来说，在发展早期，要想快速抢占市场，都要借助经销商的力量，以达到迅速铺设渠道的目的，跨境企业尤其如此。面对差异化程度高、数量大的陌生海外市场，跨境企业常常过于依赖当地的经销商渠道进行市场扩张。但过于依赖经销商渠道也有一定的弊端。

首先，品牌厂商无法直接触达顾客，缺乏对顾客需求的真实洞察，进而影响对潜在顾客群体的触达和引导，难以挖掘破圈增长点。 "比如很多跨境企业自身不直接做海外电商平台，它是通过一些大卖家来做跨境电商。从这个角度来讲，它与终端顾客之间隔了一层，拿不到这些消费者数据，对销售者的需求没有感觉。"科特勒项目组成员 Jason Wang 表示。

其次，高密度覆盖的渠道策略，容易造成经销商之间的竞争加剧，对品牌产生不利影响。 大多数中国跨境企业的海外市场主要依靠渠道代理商加盟，公司则提供售前咨询、使用介绍、售后服务等支持工作。缺乏以消费者为目标导向的渠道开发，导致头部渠道的同质化高、结构单一，潜在加剧了未来大经销商之间的内部竞争。

并且，由于无法直接触达消费者，品牌厂商对很多事情缺乏掌控力，比如渠道为顾客提供的服务质量，渠道对品牌厂商市场推广活动的配合力度和执行情况等，长期来看不利于顾客群体对品牌形象的感知。

"此外，创想三维收入来源的 90% 在海外市场，其中不少都是通过跨境电商销售，如果不直接面对顾客，会导致品牌无法确切得知用户画

像和使用行为。同时，也无法提升对经销商的赋能和管理能力，比如无法得知具体的动销情况和库存情况，无法准确进行销售预测。"科特勒项目组负责人 Darren Li 说。

要破圈，就必须解决这些问题！

因此，创想三维按照科特勒项目组的建议大力发展 DTC 模式，作为对跨境经销模式的有力补充。以品牌自建站为顾客和品牌触点，承接流量资源，分发线索给经销商，充分发挥 DTC 的多任务功能，完成产品销售、渠道赋能、品牌教育和用户运营。

通过搜索、硬广告、内容营销等多类型流量向品牌自建站导流，充分发挥品牌自建站的品牌展示推广、销售引导作用。同时，通过创想云服务构建强关联运营，辅以社交媒体和用户论坛来构建弱关联运营，最终达到对于私域用户的内容运营、服务运营和品牌运营。

六、发展生态业务，提供一体化用户体验，构建生态增长飞轮

很多伟大的公司都会通过构建生态系统的方式来联系品牌与用户。比如苹果公司，通过其 iOS 操作系统构建了一个包括 iPhone、iPad、Mac、Apple Watch、Apple TV 等在内的强大生态系统，并通过 App Store、iCloud 等服务增强了用户黏性。华为通过其智能手机、平板电脑、智能穿戴设备等硬件产品，结合华为移动服务（HMS），也构建了一个多元化的生态系统。

生态系统不仅可以为用户提供更加丰富和一体化的体验，最为关键

的是，它还能增加用户的转换成本，提高客户忠诚度和留存率。除此以外，还可以为公司带来新的收入来源，帮助品牌向相关领域扩张，提高品牌影响力，降低对单一产品的依赖从而减少市场风险。

对于 3D 打印来说，用户不仅需要一台将线上设计图变成实体打印物的硬件，还需要提供灵感的社区社群、将灵感转化为设计图的平台，能够维修和换新硬件的服务，以及持续供应的打印耗材等。围绕着 3D 打印，完全可以建立一个产品生态系统。

首先，在产品结构上，如前所述，创想三维提供多种型号的 3D 打印机、激光雕刻机、3D 扫描仪等，包括入门级到专业级设备，满足不同用户的需求。除此以外，还提供各种类型的 3D 打印材料，如 PLA、ABS、PETG 等，以及适用于不同打印技术的专用耗材；各种打印机配件和升级组件，如打印床、喷头、挤出机等；3D 打印工具、后处理工具、打印支架等辅助产品。

"创想三维的生态系统是围绕用户场景去构建的，我们始终不会脱离用户场景。从用户场景中会延伸出很多的用户需求，比如围绕 3D 打印机的周边配件、打印材料，消费升级后的扫描仪、雕刻机需求，以及后处理场景、高速场景、多色场景和环保需求等，我们会根据用户需求去构建产品生态系统。"创想三维副总裁、生态圈负责人刘美姣表示。

其次，在服务上，创想三维分阶段推出设备保修和换新服务 Creality Care，通过清晰定义免费服务和收费服务的边界，创造消费需求，提升售后品质，并通过机器的装机量和付费服务的收益充分调动经销商的售后能力和意愿。从耗材与配件角度，增加耗材定期配送服务 Creality Supply，通过与用户持续的交易，加强与用户的连接。

再次，在平台方面，通过软件的进阶功能（比如模型优化工具、模型个性化工具等）形成"创想云"服务，通过 IP 模型库的构建，为核心用户提供更多正版优质 IP 模型，同时吸引潜在爱好者接受 3D 打印。因为 3D 打印机本质上是工具，内容的实用性和可玩性才是推动产品需求和用户黏性的重要因素。在以上软件服务的基础上，构建"创想云会员服务体系"，更好地服务付费用户，并通过有效的引流转化免费用户。

使用苹果生态产品的用户会明白，能在不同的苹果硬件之间丝滑切换，要归功于软件服务的打通。打印用户也会有这样的需求。刘美姣介绍说："我们要降低生态系统的复杂性，让产品更易于使用，就要通过软件打通不同硬件。比如扫描仪与打印机、雕刻机之间的打通。这些都需要研发不断投入，让用户体验变得更好。把复杂留给自己，把方便留给用户。当然，这不是一蹴而就的事情，但方向是对的。"

最后，创想三维通过社群有效连接品牌与用户，增加互动频次从而提高用户黏性，持续运营用户，在服务用户的同时提高了用户生命周期价值。

"除此以外，社群还可以帮助用户更快联系到我们的工作人员。它不仅提供一种售后服务，还可以在售前回应用户的咨询；用户也可以在社群里去分享他们的创意想法，用户之间可以互帮互助。"刘美姣透露，创想三维还可以借助社群挖掘用户需求、完善用户画像和构建用户模型，从而为产品研发、营销投放、内容生长等提供可行的参考方向。"我们以前一直围绕经销商，没有做独立站，与用户之间的沟通是脱节的。与科特勒咨询的合作，让我们开始了 C 端用户的数字化，近距离去跟用户交流，了解用户全维度和全路径的使用场景是怎么样的。在这些地方，我们会挖掘能为用户做的事情，这样就构成了我们独特的差异化价值，然后再沉淀在品牌上面。"

"产品、服务、平台、社群，构成了一个闭环生态，用户可以从中得到各种全链条的服务，促使他去交流分享，完善用户体验，提升品牌黏性，从中得到的数据和信息又可以反哺产品研发和营销投放。这就构成了一个生态增长飞轮，这个飞轮的底层逻辑就是'用户在哪里，我们就要在哪里'。"刘美姣认为，"生态"这个词涵盖的范围太广，企业容易犯的错误是"在生态的名义下盲目扩品类"。"你一定要想得很清楚，是不是始终围绕用户场景去扩品类的？扩大了这个品类，是不是会让整个系统变得更好？此外，你的组织和资源能不能很好地跟用户需求匹配？"

对于产品生态系统来说，由于涉及不同的产品、服务和平台，用户需要一定的时间去理解和接受，因此，市场教育就成为重中之重。2024年，科特勒咨询为创想三维更新了品牌视觉识别系统，提出新的品牌口号"IMAGINE IT, MAKE IT"，使生态中不同的产品和服务具备品牌合力。

刘美姣认为，品牌打法升级只是第一步，对于生态系统来说最重要的核心问题，还是要回归到"以用户为核心"，"市场教育不能只通过品牌解决，其实还是要回到用户场景里面，帮助他更好地完成任务"。她列举了一些典型的用户使用场景来解释这个问题，"如果用户想把模型做得更好，可能需要更高质量的耗材；如果模型是放在户外的，对温度有要求，可能就需要高温喷头；如果对模型的寿命要求更长一些，就需要加上碳纤维材料；如果喷头要耐磨损，可能需要碳化钢材质；在冬天打印的时候，可能需要保温罩；当需要存储的时候，还需要一个耗材存储箱……用户一定是不断去升级他的需求，然后我们就围绕他不断变化跟升级的需求，去构建生态系统。"

截至 2024 年 7 月，创想三维已建立了北美、欧洲分公司，发布了 70 款 3D 打印机，把产品卖到全球 100 多个国家和地区，累计出货量超过 550 万台。2020—2023 年，公司年营收连续三年超过 10 亿元 [①]。

---

① 创业邦：《4 位深圳老板卖打印机，风靡全球，年入 10 亿》https://mp.weixin.qq.com/s/fj-23c4UE7eW1uh3wBw_Wg。

龙腾出行：聚焦客户价值，打造国际化创新服务

表 3-2 龙腾出行基本情况一览表

项目	内容
创立时间	2005 年
所属行业	出行服务行业
主要产品／服务	作为全球品质生活服务平台，为全球会员用户构建覆盖出行、健康、生活和文娱等多场景的品质生活服务体系，提供高效尊贵的机场和高铁服务、安全便捷的标准礼宾专车服务、丰富惬意的生活方式消费服务以及高端稀缺的健康咨询与管理服务。同时，依托专业的会员服务技术平台，向全球企业提供会员权益定制服务。
渠道策略	进行异业合作①：银行、金融科技公司、国际卡组织等
传播策略	机场／高铁广告、社交媒体广告、搜索引擎广告等
关注重点	1.持续进行技术创新，升级产品与服务体验，从提供服务到提供解决方案，不断为客户创造价值； 2.进行异业合作，借助合作伙伴和渠道资源，获取大量会员用户； 3.开放包容的心态，聚合团队力量。

---

① 异业合作：不同行业之间的企业合作。

龙腾出行于 2005 年在中国广州成立。

刚开始，它只是一家经营国内机场休息室的服务型公司。龙腾出行整合休息室资源，以会员卡为载体提供给银行、保险公司、汽车公司这样的企业客户，企业客户再将其作为增值服务赠送给自己的客户，来提高客户满意度，增强客户黏性。

但是，龙腾出行很快遇到了一个棘手的问题：发卡量虽然不断提升，真正注册使用的人却不多。这些资源躺在卡里，却没有多少人使用它。为此，龙腾出行与科特勒咨询集团合作，制定了"从机会性发展到战略性增长的体系和破局路径"。

根据龙腾出行的业务模式，科特勒咨询给出了一张增长地图，穷尽了龙腾出行所有可能的增长路径，直接从结构上解决了增长问题。

1. 在既有客户端的自助页面提供路线导图，指引客户更方便地找到贵宾休息室，提高使用频次。

2. 在既有产品组合中增加其他 VIP 服务，增加对客户的吸引力。

3. 针对不同级别的客户，采取不同的激活策略。比如高端客户通过举牌单独迎接，中端客户通过短信分周期提醒等。

4. 拓展非机场客户，比如高铁客户。

四大组合拳打出之后短短两个月，龙腾卡的使用频次迅速增加。2011 年，龙腾出行从休息室服务单品拓展至礼宾车、要客通、餐厅、快速安检、代客泊车等产品，实现全场景服务。

2014 年，面对移动互联网对传统企业的冲击，龙腾出行再次携手科特勒咨询集团，进行战略解码和组织重构。2015 年，龙腾出行率先在中国科学院深圳先进技术研究院建立"服务大数据挖掘联合实验室"，并邀请世界著名营销战略大师米尔顿·科特勒先生及科特勒咨询集团全球合伙人曹虎博士、中国科学院深圳先进技术研究院副院长吕建成等博士和专家参与大数据研发工作。

通过挖掘 1200 万精英用户、100 多家明星客户的出行数据，龙腾出行打造了开放的集信息和消费于一体的服务平台，基于大数据为旅客在出行场景中提供各类智能推荐、在线预订、在线支付、服务使用电子凭证等全流程的 App 功能，同时提供休息室、购物、专车接送机、要客通关礼遇等机场出行服务，为旅客提供互联网时代的全方位智能出行解决方案，从单一产品转变为"一站式"解决消费者出行所需的数字化会员经济科技平台，快速抢占了国内同行业的市场份额。

一、国际化战略起点：科技平台与传统巨头的正面攻坚战

早在 2013 年，龙腾出行就正式开启了国际化战略。出海，意味着可以获取更为广阔的客户群体。但是面对波澜壮阔的全球市场，如何选择国际化的第一站是个关键问题。

作为出行服务品牌，龙腾出行的主要客户群是"对生活品质有要求的高净值人群"，这意味着龙腾出行不能以低价竞争的方式去抢占市场。因此，在确保品牌调性和锚定核心用户群的基础上，综合考量国家开放度和休闲文化等因素后，龙腾出行将出海的第一站设在了英国。

当时，龙腾集团首席执行官、联合创始人朱江南亲自挂帅出征，到达英国后面临的第一个难题就是：如何撬动强势的竞争对手 Priority

Pass 与当地银行间的紧密合作。

Priority Pass 是英国科领盛集团旗下的全球高端出行品牌，简称"PP 卡"。自 1992 年以来，PP 卡一直运营着全球最大的独立机场候机室，覆盖 100 多个国家和 300 多个城市。龙腾出行将出海首站选在英国，直接面临 PP 卡的强势竞争——这是一场科技平台与传统巨头之间的正面攻坚战。

作为传统巨头，PP 卡拥有庞大的客户基础，在英国市场已盘踞多年。而作为科技平台，龙腾出行能够为客户提供更为便捷的一站式出行解决方案，即：客户只需要一通电话或直接在 App 上预约，就可以从走出家门就接受龙腾出行的服务，通过礼宾专车来到机场贵宾室，享受各种贵宾服务和购物优惠，再从商务通道快速登机，航班抵达后乘坐礼宾专车直接前往目的地。显然，对于客户来说，龙腾出行的数字化使用体验更为顺滑。

但挑战在于：刚踏入国际市场的龙腾出行如何去撬开传统巨头 PP 卡市场版图的第一块砖？

二、助力：找到合适的合作伙伴和渠道资源

龙腾出行主要从以下几个方面寻找突破口：

（一）与本地同业合作——利用同业客户基础，打造服务口碑案例

"当时 Priority Pass 与银行整合得非常好。我们必须说服银行与龙腾出行合作，而银行的需求是为他们的客户提供优质的服务。"Mark Koch 是龙腾出行的国际化业务主席，在来到龙腾出行之前，他曾经是英国航空公司董事，负责忠诚度计划，拥有丰富的全球化经验。他还曾创立了业务与龙腾出行类似的机场贵宾室品牌"Airport Angel（机场天使）"，研究了多年的机场服务市场，如竞争对手 Priority Pass 的运作模式和客户形态。同时，他也有一定的合作伙伴，比如巴克莱银行和苏格兰皇家银行。

（二）与金融科技公司异业合作——技术＋金融及非金融服务赋能银行客户

幸运的是，龙腾出行在进入英国市场之初就得到了具有实力的大企业的助力。那是一家名为 Assurant 的大型全球企业，市值高达 300 亿美元，在全球市场具有较大影响力，并正在向银行销售移动解决方案，全球很多银行都向 Assurant 购买电话保险和其他保险产品。"银行信任 Assurant 的技术，我们通过正确的合作伙伴克服了困难——将龙腾出行的产品与 Assurant 的产品进行联合销售，从而成功与银行整合。"

（三）与国际卡组织合作 —— 以发达区域市场为试验田培育差异化产品，为卡组织输送全球服务

在英国曼彻斯特和伦敦成立欧美业务中心之后，龙腾出行将出海的第二站设在了新加坡。新加坡是全球孵化创新产品的中心，那里相对发达和开放的服务业给各国企业提供了公平的创业机会，同时也用更高标准来激发企业的活力。而相对较小的市场规模意味着创新失败的损失风险可控，对于企业出海来说是一个非常理想的试点验证区域市场。

新加坡的消费者很挑剔，"他们不仅对产品的质量要求高，还对价格很敏感，要求物美价廉"。与主要竞争对手相比，龙腾出行在与银行合作时更具有灵活性和创造力。他们利用自身特有的机场餐饮产品，跟万事达卡（Mastercard）和维萨卡（Visa）合作（龙腾出行拥有全球机场餐厅信息及折扣优惠服务网络）。相对于深耕存量市场的竞争对手，龙腾出行在供应链管理方面具有更高的灵活性，意味着它可提供更多差异化的新产品。而具备全球覆盖、高品质和价格适中特点的新产品，正契合了金融行业平台型组织的需求。

借助维萨卡、万事达卡这样的国际卡组织，龙腾出行的业务得以在全球顺利铺开。

三、突破点：依托于平台的客户定制化解决方案

与其他销售型的 B2B 企业不同，龙腾出行给自身的定位是"客户顾问"，这使他们更关注客户面临的实际问题，并思考如何为其提供有针对

性的解决方案，从而促成更具有持续性的合作关系。

"我们在拉美地区覆盖的休息室数量没有竞争对手多，所以每个客户都说：你们的覆盖面不够大，我们不会换合作伙伴的。"来自南非的 Andrew Harrison 是龙腾出行国际化业务 CEO，他拥有投资银行的工作背景，曾管理巴克莱银行的零售和企业产品，接触过很多金融机构，所以更了解金融机构遇到的问题以及关注的利益点。

比如，在拉丁美洲的秘鲁，政府立法机构规定公民必须把 1 个月的工资存入储蓄账户，这意味着银行有稳定的低息零售存款来源。"他们希望获得尽可能多的客户，所以需要通过一些权益吸引客户。虽然秘鲁是发展中国家，但与德国等地相比，秘鲁的客户增长要高得多。我们了解当地的宏观经济情况，也知道哪里有预算可以用于提供用户福利。然后，我们与当地客户进行交流，了解客户想要什么样的差异化的利益点。我们去倾听并了解具体问题，然后建议他们如何改进。"

当时，拉美区域的维萨卡用户如果需要用车，不得不打电话预约，成本非常高。同时洞察到银行客户的需求以及银行用户的痛点，龙腾出行以礼宾车产品作为解决问题的突破口，创建了一个围绕机场服务的移动端 App，向客户提供礼宾车权益和优惠，此举解决了银行客户在控制成本的前提下为用户提供更便利服务的需求。Andrew Harrison 介绍说，目前龙腾出行在拉美和中东地区的业务都开始显著增长。"其他地区也想这样做，现在巴拿马、巴拉圭、智利也启动了这一项目。"

以客户需求为核心，龙腾出行以顾问角色为不同的国家和地区客户提供不同的产品和服务。在欧洲，万事达卡客户在休息室方面预算不多，龙腾出行便为其定制了成本更低但是用户感知价值更高的产品——快速安检通道。"万事达卡对我们说，'以前从来没有人能够做到这一点，供应商的情况太复杂。'因此，我们做的是一项技术业务：简化那些复杂的问题，为客户提供解决方案。"

Andrew Harrison 表示："我们从来不提供真正的'一站式'服务——我们的竞争对手就是这么做的。相反，我们倾听客户的意见，然后确保我们有一个标准化的平台解决方案的同时，也可以为这些地区提供量身定制的解决方案——这种灵活性是竞争对手缺失的。"

战略需要建立在倾听顾客需求的基础上。龙腾出行在全球市场迅速扩张的动力，很大程度来自倾听和解决现有客户和潜在客户的问题，并在解决方案中平衡客户体验和自身业务需求。"我们为客户提供各种产品，推出技术支持解决方案，让他们在降低成本的同时增加收入——这就是我们对'增长'的定义，这也将持续定义龙腾出行的增长。"

四、展望：构建技术中台降本增效

作为一个科技平台，龙腾出行的管理层坚信，核心技术要掌握在自己手里。龙腾出行从成立之初就坚持走自主研发的道路，在技术研发、高精尖技术人才引进等方面持续投入，目前已拿下多项国际顶尖管理体系及安全认证，有效保障客户服务及用户体验的安全、稳定、可靠。

同时，在数据底座构建上，龙腾出行先后在全球建立了多个云服务数据中心，这些中心均由亚马逊 AWS、微软 Azure、阿里云等知名云服务商提供服务。保障技术平台的合规、安全、稳定，是龙腾出行深耕服务全球诸多金融行业客户的重要条件。

技术中台是龙腾出行在技术战略和组织布阵上的另一重要举措：通过构建技术中台降本增效，进一步提升品牌竞争力。目前，龙腾出行已拥有全域复用的品类供应链平台和可灵活组合的 SaaS 平台，支持未来品类业务的无限发展，支持合作伙伴的多方面的个性化需求，支持超过亿级的消费者用户从预约 / 订购到服务履约的在线使用，具备异常报警、服务质量监控和业务风控能力，并由专业运维人员提供 7×24 小时运维保障，科学智能、高效稳定。

对于 2023 年比较复杂的出海大环境，Andrew Harrison 认为，其中存在一定的挑战，比如部分国家和地区通货膨胀率空前高涨，部分国家利率和信用消费成本很高，出行复苏后住宿和机票价格居高不下；但也潜藏着巨大的增长机会，"比如人们把旅行看得比购置消费品更重要；我认为国际市场有很多机会，这取决于你如何看待，以及你如何把握机会。我对国际市场未来的发展和成功机会非常有信心"。

2023 年，出海业务占龙腾出行全球营收的比例预计将增长近 10%。当被问到对其他志在出海的企业有什么建议时，朱江南表示，海外环境是复杂多变的，要在多元市场守住不变的价值核心，回归客户的需求本质去帮客户解决问题，创造价值。

（一）聚焦为客户创造价值

"龙腾品牌出海的阶段性成果建立在对客户需求的积极和迅速响应上，帮助客户提升自身的业务价值，是龙腾自身价值的终极体现。"

（二）坚持技术创新

"技术会为业务增长插上翅膀。多数的行业，都可以通过技术创新，提升核心竞争力，并实现降本增效。"

（三）保持开放包容

"我们的团队有不同的文化背景，但我们有共同的愿景，有为客户创造价值的共同价值目标，这帮助我们保持长久的开放包容，彼此坦诚，团结协作。"

OPPO："Glocal（全球化）"的价值出海战略

表 3-3 OPPO 基本情况一览表

项目	内容
创立时间	2004 年
所属行业	3C 电子
主要产品	智能终端及其相关配套设备
渠道策略	侧重线下：在东南亚等公开渠道市场，侧重于经销商合作；在运营商渠道市场比如欧洲，与四大运营商合作
传播策略	全球化 + 本地化：统一价值观和定位下的内容表达多样化
关注重点	1. 选择市场相似性更大的东南亚市场作为出海首站； 2. 与经销商携手出海，通过双赢合作壮大力量； 3. "Glocal" 出海策略：产品服务本地化，以及在全球化品牌基础上的传播本地化； 4. 关注 AI 时代的出海新机遇

OPPO 的出海历程是一段不断探索和适应的历程。

作为出海的早期资深探索者，OPPO 的出海历史可追溯至"播放器时代"。早在 2004 年，OPPO 就在加州成立了 OPPO Digital，专注于研发并推出高端专业高清 DVD 播放器等前沿数码影音产品。进入手机时代后，OPPO 于 2009 年正式启动出海战略，将全球化的第一步放在了东南亚。

一、选择出海破局点的三大考量维度

对于行业实力较强的企业来说，可能会选择欧美作为出海首站，通过大手笔资源的投入，借助品牌势能再扩散到其他国家市场。OPPO 的行业地位自然也不容小觑，但是它为何选择东南亚作为出海破局点呢？

OPPO MKT 中心负责人周超介绍说，这主要是出于以下三个维度的考量：市场相似性、当地市场情况以及人才获得难度。

1. 市场相似性

出海选择一个与中国市场相似的国家，在经济发展水平、文化历史、生活习惯都比较接近，如东南亚，可以降低试错成本，提高适应能力。

2. 当地市场情况

东南亚大部分国家主要以公开渠道市场为主（除了新加坡），当地的运营商和连锁店势力不强，这为出海时复制 OPPO 在国内做得得心应手的线下渠道分销体系提供了便利。

3. 人才获得难度

人才在出海过程中扮演着重要角色，因为地理区域较近，文化也具有一定相似性，因而无论从国内招聘外派员工，还是在当地招聘本地员工，人才获得的难度不会很大，员工对企业本身情况和企业文化熟悉起来也相对容易。

为了壮大出海力量，OPPO 选择与国内代理商体系一起出海，因为代理商自身就配备了相应的资金、资源和人才。比如 OPPO 在东南亚各国的国家级代理商都是其在中国的大代理商，合作模式与在国内时类似。OPPO 反对割韭菜式短期爆发之后后继乏力的那种增长，更提倡以稳健、健康的方式面向中长期发展，深入到低线城市①的线下渠道销售服务体系建设，长治久安地生根。早在 2017 年，OPPO 在印度尼西亚市场就拥有了超过 2 万个经销商伙伴。

从具体的国家来看，OPPO 于 2009 年成功进入泰国市场，并迅速扩展至越南、印度尼西亚、菲律宾等多个国家。OPPO 进入东南亚之前，三星、苹果在东南亚颇有根基，市场上手机品牌数量是中国市场的 2—3 倍。以印度尼西亚为例，手机品牌高达 28 个。面对如此焦灼的竞争环境，OPPO 紧锣密鼓地移植国内市场的成功营销传播策略，如聘请热门的品牌代言人，辅之以各媒介高曝光广告，构建密集的线下渠道网络，并聘请本土精英团队，以确保策略的有效落地。这一策略在泰国市场迅速开花结果，为 OPPO 向东南亚乃至全球扩张铺平了道路。

2020 年，OPPO 进一步拓展至拉丁美洲的墨西哥、哥伦比亚等国家，2022 年第三季度市场占有率已经排到了前五名的位置。2021 年，OPPO 在欧洲市场牵手四大运营商，主打高端手机 OPPO FindX，其业务网络已覆盖全球多个国家和地区，拥有庞大的员工队伍。OPPO 的品牌基因

---

① 低线城市：经济相对落后，人均收入水平低的城市。

和市场经验在全球范围内得到了广泛传承和应用。

二、意在深度全球化的"Glocal"出海战略

在如今媒介权力民主化、价值链环节参与者个体化的时代，"广告＋渠道"的模式不可避免地在全球市场遭受挑战。而对于已经较好掌握多个海外国家线下渠道的 OPPO，如何实现深度国际化，是当下出海新阶段的重要命题。

OPPO 深度国际化的关键词是"Glocal"，即"Global（全球化）＋Local（本地化）"策略：尊重当地，以"Glocal"为核心的出海战略，推动品牌国际化、运营本地化，并在组织、产品、营销传播本地化方面不断发力，适配各地市场。

首先，贯穿多个市场的 OPPO 企业文化是"Glocal"的核心。 在对外的表达上，"科技为人，以善天下"的品牌使命帮助 OPPO 在全球范围内打造更友好的品牌形象，助力不同文化背景下的沟通；在对内的表达上，"本分"文化自上而下，将各级、各地的员工拧成一股绳，同时，让相关的生态合作伙伴也能够基于共同认可的价值观，紧密而高效地合作。这些都让 OPPO 作为一家中国企业在海外开疆拓土时，减少了内外的摩擦力。

"本分"的表述看上去具有很强的中文语境特色，在"Glocal"转译时，让海外员工理解并真心接受、认同乃至践行，看上去容易，实则并不简单。周超分享了 OPPO 是如何切实地说到做到的，"在不同国家，'本分'在当地文化中都能找到对应的理解。要让海外团队真正接受企业

文化，需要付出更多的知行合一的践行，用活生生的案例来展示。比如，在处理任何离职员工工资发放问题时，公司都会按照规定执行，工资发到员工在职的最后一天，而员工会认为这是符合'本分'的。通过这样的方式，可以逐步建立起海外员工对 OPPO 企业文化的一种信任感"。

其次，对于用户来说，"Glocal"的主要价值在于 OPPO 产品和服务方面的本地化。 为了更好地了解国际市场的需求，OPPO 高层每年都会跑两遍海外核心国家，做用户深访并进行分析，重点了解用户对产品的需求和使用场景，让产品规划能更加全面地满足市场需求。

周超分享了一个"Glocal"在围绕用户使用场景上的典型故事："比如演唱会和运动赛事这一场景，信号好就是一个关键点。海外的基站密度没有国内多，现场人多拥挤，信号更加不好，用户想在现场发社交媒体分享照片都发不出去。为了解决海外用户在这个场景的需求，我们的工程师实地到很多演唱会现场测试算法。最终推出的'超级信号功能'，能做到如果手机识别到人在拥挤的情况下或者在体育场馆附近，算法就能自动加强信号，让网络更通畅，用户特别喜欢。"

以上是"Glocal"在手机使用场景上的体现。对于出海来说，企业还要面对社会文化和风俗各异的市场环境，"Glocal"理念这时变得更加重要。周超分享说："在印度，当地人有在额头上点红点的传统，表达美好的祝愿，但美颜算法会在拍摄后将其视为痘痘或斑点自动消除，印度用户对此表示很困惑。我们在了解到这个诉求后，就很重视这件事情，马上做了本地化的算法适配，这样保证印度用户以后在拍照的时候，系统能够识别这是一个痣或痘痘，还是红色的印。在我们新出来的功能美颜算法里，印度用户拍照，额头上红色的点就能保留下来。"OPPO 的这类关注实际体验和细节的做法是一种具体的、以用户为导向的"感知层创新"，能够实实在在地让海外用户在使用 OPPO 时的体验感和满意度更上一层楼。

最后，在传播上，对于讲什么故事，如何讲，让用户更有共鸣，也是考验"Glocal"功底的关键命题。为了在传播中贯彻"Glocal"的理念，OPPO 总部一般会负责定位和价值观的一致性，而各国团队则负责表达和内容场景的多样化，将全球化和本地化融会贯通。OPPO 更多的是站在海外用户的视角，而非想当然地平移国内习惯的做法。比如在国内的一些广告片中，手机可能会展现用户在度假时也能轻松处理工作的画面。然而海外用户非常反感这种叙事，认为工作绝不能打扰自己的私人时间。于是 OPPO 在"Enjoy The Present"的海外广告片里，号召大家放下手机和工作陪伴家人和朋友，呼应了海外用户重视与家人相处的时间，重构人与人之间关系的情感诉求，因此获得好评如潮。

周超承认，对于出海企业来说，要做到一国一策的本地化很难。难点主要在于以下两点：**一是需要总部的核心决策层放弃曾经的自信和经验，深入尊重每个国家，并基于底层逻辑制定策略；二是企业需要支撑本地化，包括运作机制、组织制度、资源等。**"最怕前端本地化而大后端没有本地化。以产品本地化为例，首先要有当地团队去进行用户洞察，然后要有流程机制，把洞察信息无损地传上去，然后才能保证本地化差异化的适配。"

三、AI 时代下 OPPO 出海的新机遇

回首过去，OPPO 在国际市场的优异表现离不开不断升维的科技能力支撑。2020 年，OPPO 便公布了科技跃迁战略，并宣布 3 年内持续投入百亿级研发费用，提升软硬件和服务的基础技术能力，在人工智能、安全隐私、多媒体、互联互通等领域形成差异化技术点，革新用户体验。除此之外，OPPO 也与高通、爱立信及各大运营商紧密合作。而在未来，AI 时代背景下，OPPO 出海也会有许多新的机遇。

OPPO 认为人工智能技术对整个手机行业的产品用户体验以及商业模式，甚至未来的发展，都将产生深远的影响。AI 技术是手机行业的一次代际革命，智能机向 AI 手机的演进类似于从功能机到智能机的转变。这种变化不仅仅是表面上功能的更新。

首先，AI 技术通过整合云端计算能力，打破了终端设备计算能力的限制。 尽管移动设备的芯片性能不断提升，但考虑到功耗和电源的限制，芯片的算力总是有限的。然而，结合 AI 技术与云端计算，可以突破这种限制，使得之前无法实现的功能成为可能。其次，AI 技术的核心优势在于将服务主动提供给用户。在过去，用户需要通过不同的应用程序来寻找服务，比如预订酒店等。但在 AI 时代，OPPO 的手机可以像个人助理一样，根据用户的个人喜好和需求，提供一站式服务，比如自动预订机票、酒店和车辆等。

此外，AI 技术的应用将改变服务的提供方式，未来不再以单个应用程序为核心，而是通过智能助理提供场景化的解决方案。 比如，用户只需表达出行需求，未来的 AI 助手就能从端到端提供完整的服务安排。

AI 技术的发展将重塑手机、应用程序平台和用户之间的商业关系。虽然目前用户可能只看到一些功能上的改变，例如 OPPO 的 AI 消除背景的功能，但这些功能对芯片的算力和内存有很高的要求。目前，这些功能主要通过云端算力和网络算法实现。随着 AI 技术的不断进步，用户将体验到更加便捷和神奇的功能，而整个手机行业也将面临重大变革。

在最后谈到出海挑战的时候，周超表示，**除了宏观环境（如政治、经济、行业等）带来的挑战，随着海外市场也逐渐从增量走向存量，全球化品牌建设和产品差异化也将变得越来越重要，**这将成为 OPPO 出海下一步关注的要点。

名创优品：千店千面，打造超级品牌

表 3-4　名创优品基本情况一览表

项目	内容
创立时间	2013 年
所属行业	零售行业
主要产品	各种生活百货商品、IP 联名产品
渠道策略	线下实体店 + 线上电商
传播策略	通过社交媒体平台进行品牌传播和产品推广，通过 IP 联名产品吸引消费者并提高品牌知名度和产品吸引力，通过本土化策略和营销活动来适应不同市场的需求
关注重点	1. 从加盟到直营：千店千面的出海策略； 2. 高频的 IP 联名，维持品牌高曝光度，形成高周转的营销模式

　　在 2024 年法国巴黎奥运会即将举行之际，巴黎的街头也有一个重磅新闻：就在 2024 年 6 月 22 日，名创优品旗舰店在巴黎香榭丽舍大街重磅开业，成为首个入驻巴黎香榭丽舍大街的中国品牌。旗舰店占地面积800 平方米，陈列超过 3000 个 SKU。

在国内，也许你总是在商场、小区、街边看见这一家售卖便宜日用品的杂货铺，而在海外，名创优品早已相继席卷纽约时代广场、牛津街等著名商业区，也是首个入驻纽约时代广场的中国品牌，与 LV、宝格丽等世界顶级奢侈品品牌做邻居。

开在世界商业中心的旗舰店当然也和我们通常看到的一些普通门店不一样。这些旗舰店会为热门 IP 搭建专门的展示空间，从此风靡全球的三丽鸥、漫威、迪士尼、吉伊卡哇有了属于自己的专属空间。在纽约时代广场，仅一个月的时间名创优品便创造了千万销售额，相当于国内 30 家门店平均销售额的总和。从 2015 年在东南亚开出第一家海外门店开始，截至 2024 年第一季度，8 年时间里，名创优品海外门店数已达 2596 家，遍布全球 107 个国家和地区，占品牌总门店数的 39%，单季度增长 109 家。2023 年，海外市场营收同比增长 47% 至 47.05 亿元，营收贡献占比提升至 34%，GMV 同比增长 42% 至 109.89 亿元，同店销售增长率为 26%。2024 年第一季度海外市场营收同比增长 53% 至 12.22 亿元，同店销售强劲增长约 21%。[①]

名创优品 CMO 刘晓彬将公司的出海模式定位为中国消费品牌出海的 3.0 阶段。他认为，相较于 1.0 阶段的"制造型"和 2.0 阶段的"铺货型"，3.0 阶段的名创优品更加注重品牌化和本土化，实现了从"大"到"贵"的升级。想要从小商品升级到全球化的高端品牌，名创优品具体是如何做的呢？

---

① 东吴证券：《名创优品出海近况梳理：强品牌、强供应链，品牌出海标杆》；增长黑盒：《万字拆解名创优品出海：本土化挑战、品牌溢价与电商危机》https://mp.weixin.qq.com/s/BJEUphMj9ePkrIwgqMU2Eg。

一、从加盟到直营：千店千面的出海策略

在出海进程中，名创优品第一站便选择了东南亚。东南亚的市场条件与中国最为接近，消费者对性价比的追求与国内消费者相似。在 2015 年中国进出口商品交易会期间，一群东南亚华侨在广州发现名创优品店铺的丰富品类和物美价廉，被深深吸引，主动提出成为名创优品在东南亚的代理商。于是，2015 年 12 月，名创优品成功进驻东南亚市场，并以新加坡作为出海的第一站，随后的时间里，名创优品在新加坡开了 23 家门店，并且以"高端"产品作为主要的形象展示，例如在门店门口陈列和大牌同厂出品的香薰系列产品。

而东南亚典型代表还有印度尼西亚。在 2017 年 2 月，名创优品在印度尼西亚的 3 家门店同时开业，短短 10 分钟内货架上的产品便被抢购一空。仅一年时间，名创优品便在印度尼西亚开设了 100 家门店，展现了其强大的市场吸引力和扩张速度。[1]在印度尼西亚售卖的产品也颇有趣味，轻奢款拖鞋是打开印度尼西亚市场的主要品类；而在越南，摩托车是主要的出行交通工具，印着名创优品 Logo 的雨衣和袖套则是摩托车大军的必备"时尚单品"。

在东南亚市场，以印度尼西亚为代表，名创优品采取的是"名创合伙人"模式：在当地设立子公司，由加盟商出资，运营工作交由总部来管理。借此模式，名创优品在东南亚迅速打开市场，并迅速扩展到其他地区。

---

[1] 商学院：《出海八年，名创优品冲向世界繁华商业街》https://mp.weixin.qq.com/s/6Mx2T-W23jQhb-Wj2Nqj1w。

东南亚市场的开门红给了名创优品一定的底气和经验，让其逐步开启了全球化的扩张。到 2016 年，名创优品开始在全球范围内扩张，除了亚洲地区外，还采用了代理模式，由墨西哥作为代表国家，通过代理商运营和拓店，总部供货，有趣的是印了名创优品 Logo 的包装袋在墨西哥也变为了时尚单品。据数据显示，除了亚洲以外，全球范围内有 80% 的海外门店都采用了代理模式。与国内加盟模式不同，代理模式里的代理商需要自己去运营和拓展更多的店铺。一个州或者一个国家所有的名创优品，可能都是一个代理商开的，例如在墨西哥的名创优品，就是跟当地最大的连锁超市 Grupo Sanborns 开的。①

从 2019 年开始，名创优品主要在北美洲发展，以美国作为代表国家，并在总部设立子公司进行运营。子公司需要保证自身的营收和利润，在超过 2000 家名创优品海外门店中，只有不到 10% 为直营门店，其中美国是直营门店占比最多的海外市场。除美国以外，名创优品还有印度、加拿大等 8 个直营市场，其特征是人口基数大和发展潜力足。② 在直营模式下，商品的销售毛利更高，而且也可以更好地控制品牌形象和产品质量，而代理模式则让名创优品以更"轻资产"的模式在海外进行迅速扩张。

不同的国家市场，不仅商业模式不同，文化也不同。据《第一财经》报道，许多美国家庭的地面是木地板或地毯，冬季会使用地暖，因此，

---

① 差评：《你看不上的名创优品，在国外变成了高攀不起的"奢侈品"》https://mp.weixin.qq.com/s/PCM_9K9a8jfNyAHsK00CyQ。

② 第一财经：《名创优品：冲击全球化"超级品牌"》https://mp.weixin.qq.com/s/8teB7XB568MnnZyx6UiYYQ。

美国人在家通常不穿拖鞋，而是光脚或穿袜子。针对这一特点，名创优品设计开发了一系列潮流袜子，这些袜子看起来像普通的长袜，但袜底采用了不同的材质，以增加摩擦力。[①]

在企业出海的过程中，根据当地的市场情况因地制宜并非易事。而名创优品在海外市场的成功经验之一在于其在商业模式、产品策略、定价策略上都进行了深度本土化。

二、向往美好生活，IP 提供了极高的情绪价值

既然要做"向往美好生活"的品牌，就需要给产品提升溢价。除了产品本身的实用功能外，情绪价值是一种行之有效的提价方式，尤其在零售业产品竞争本就同质化和白热化的情况下。而名创优品的突围方式之一，就是强调 IP。可以说，IP 早已是名创优品的一大战略，名创优品正致力于成为全球第一的超级 IP 集团。在 2023 年发布的"全球化超级品牌战略：超级符号、超级品类、超级 IP、超级门店、超级用户"五大"超级"支柱里，IP 战略居首位，同时名创优品也以一次次出圈的 IP 联名事件，构建了自己的壁垒和优势。

在 IP 选择方面，基于全球化战略，名创优品选择了一些具有热度和普适性的 IP，这些 IP 在全球范围都具有极高的声誉，在文化上几乎没有界限。例如具有代表性的芭比联名：在芭比产品上新 5 天，接近一半的品类售罄；由日本插画家 Nagano 创造的热门漫画角色吉伊卡哇联名快

---

① 第一财经：《名创优品：冲击全球化"超级品牌"》https://mp.weixin.qq.com/s/8teB7XB568MnnZyx6UiYYQ。

闪店开业 10 小时销售业绩 268 万元，3 天业绩超 800 万元，刷新了历史纪录。[①] 在普适性的热门 IP 里，迪士尼、宝可梦、Hello Kitty、漫威等也是名创优品的经典名片。尤其是漫威，名创优品是漫威第一家全球 IP 授权的中国公司。

在全球化和本土化的进程中，IP 自然不可避免地需要进行本土化。例如三丽鸥系列在印度尼西亚深受青少年喜欢，名创优品在印度尼西亚开设了以三丽鸥为主题的 IP 限定主题店，在开业首日销售额破 45 万元人民币，创东南亚门店历史新高。

有如此多的 IP 撑场，名创优品已形成了 IP 联名宇宙，并不依赖单一 IP，而是通过高频的联名来维持品牌的高曝光度，形成高周转的营销模式。热门 IP 已在粉丝心中有很强的号召力，而名创优品以高性价比的产品使得潮流 IP 的周边产品并非高不可攀，叠加一些线下快闪店、KOL 打卡、粉丝自发传播等营销氛围造势，使得在消费者心中，名创优品已逐渐与 IP 联名绑定。据悉，2024 年第一季度名创优品国内 IP 产品占销售额比重约 25%，海外占比超 40%，核心商圈的旗舰店中 IP 产品占比更高，如巴黎香榭丽舍大街旗舰店 IP 产品超过 80%。凭借产品供应链能力和广阔渠道，使得名创优品在 IP 产品变现方面具备独特优势，既能帮助公司提升品牌形象，带动进店客流，也能增加销售额和利润。

其实 IP 联名的玩法并不新鲜，但要做到"全球通用 IP+ 地方特色 IP"，以配合营销时机和产品备货等，都离不开名创优品强大的运转能力。名创优品也通过 IP 的方式提高了自己的品牌溢价能力，在海外形成

---

① 浙商证券：《名创优品（09896）：名创优品如何玩转 IP 联名？》。

了自己的护城河。同样是卖零售小商品，同样是追求性价比和方便，为什么名创优品能卖得超过本地的零售商家？因为低价并不等于廉价，品牌在深入了解当地消费者的消费习惯后，在产品基础功能之外叠加高情绪价值，加之门店的选址和广覆盖度，使得这些日常零售产品并不廉价，甚至形成一种"我能付得起的高档"或者"易购买的美好生活"的心理暗示，即使在异国他乡，也有不可撼动的品牌价值。

在出海这个领域，消费者的选择不仅是对品牌的认可，同样也是对国家的认可。例如日本品牌在过往代表着品质，德国品牌代表着精细的工业品。在国内，你可以把名创优品当作一家普通的杂货店，而且这家杂货店在线上还面临着拼多多、1688 等低价电商的竞争，线下则面临着同等连锁零售品牌例如 KKV 等的竞争；而在国外，名创优品可以被当作潮流时尚品牌去看待。在过去，我们常说货品出海、外贸，而现在，我们说品牌出海，其背后的变化，代表了这个品牌符号带给当地的一种新的文化体验。名创优品背靠强大的供应链，供应链的优势带来了门店的规模效应。在后期，因地制宜的商业模式和 IP 带来的情绪价值值得出海企业借鉴。

比亚迪：从 ToB 到 ToC，循序渐进的出海战略

表 3-5　比亚迪基本情况一览表

项目	内容
创立时间	1995 年
所属行业	汽车行业
主要产品 / 服务	循序渐进的产品结构：从 ToB 的电池和电子产品代工业务拓展到商用车业务，再拓展到 ToC 乘用车业务
渠道策略	以与本土经销商合作为主的销售模式，辅以开设少量直营门店；线上设立统一销售平台，并与汽车电商平台合作
传播策略	整合品牌传播策略：赞助大型体育赛事、利用流媒体平台、聘请当地网红、参与车展等活动营销以及承担社会责任
关注重点	1. 全球化布局：比亚迪在全球多个国家和地区建立了生产基地； 2. 多样化需求：比亚迪根据不同市场的特点推出符合当地消费者需求的车型和配置； 3. 性价比优势：凭借规模效应和本土化生产，比亚迪的车型价格普遍低于同级别的欧美车型

近年来，中国电动车企业凭借产品性价比优势在海外市场快速扩张。其中，比亚迪的出海战略取得了巨大成功，成为中国电动车企业中的佼佼者。2023 年，比亚迪海外新能源乘用车销量突破 24 万辆，同比增长 337%，成为 2023 年新能源汽车出口最多的中国品牌。截至 2024 年 4 月，比亚迪已进入全球 78 个国家和地区，并在巴西、匈牙利、泰国等海外地区投资建厂，成为中国制造的"新名片"①。

一、确定出海首站：荷兰鹿特丹

早在 1998 年，比亚迪就在荷兰鹿特丹成立了第一家海外分公司，并于 1999 年在北美成立分公司，开始进入美国市场。这些分公司的设立为比亚迪积累了宝贵的海外经验，并为其品牌在海外扩张打下了坚实的基础。

鹿特丹作为欧洲最大的港口城市之一，拥有优越的地理位置和完善的物流网络。这为比亚迪进入欧洲市场提供了便利的交通和运输条件。选择鹿特丹作为进入欧洲市场的第一站，使比亚迪能够积累海外经验，建立品牌知名度，为日后的汽车业务扩张奠定基础。

此外，荷兰政府对新能源汽车有明确的政策支持，包括购车补贴、免费停车和充电等措施，这也为比亚迪的电动大巴提供了良好的市场环境。

---

① 比亚迪股份有限公司投资者关系活动记录表，2024 年 4 月 11 日，编号：2024-14。

二、从 ToB 到 ToC：循序渐进的出海产品结构

比亚迪的全球化战略始于电池和电子产品代工业务。这一阶段比亚迪成功成为诺基亚、摩托罗拉等知名品牌的供应商，在手机电池、按键、充电器等领域占据了全球第一的位置。这一成功不仅为比亚迪带来了显著的市场份额，也为其积累了宝贵的国际化运营经验，为后续的全球扩展奠定了坚实的基础。

自 2010 年以来，比亚迪将业务重心转向纯电动商用车，特别是纯电动大巴和公交车。这一转型策略的成功得益于比亚迪在技术和成本上的双重优势。首先，比亚迪在"三电"（电池、电机、电控）领域自主掌握核心技术，确保了其产品的技术领先地位。其次，凭借规模效应和本土化生产，比亚迪的产品在价格上具有显著优势，低于欧美同类产品。最后，欧洲发达国家对环保要求的提升，使得电动商用车在这些市场的接受度较高，为比亚迪提供了巨大的市场需求。因此，在 2010 年，比亚迪提出了"城市公共交通电动化"战略，这一战略的实施使得比亚迪在商用车领域取得了显著的成绩。截至 2024 年 1 月，比亚迪纯电动大巴车在英国的市场占有率超过 70%[①]。

第三阶段是 2021 年 5 月，比亚迪开始以乘用车为核心产品，主攻欧美、拉美和东南亚市场。在这一阶段，比亚迪的乘用车产品展现出了显著的竞争优势。一方面，比亚迪在电池、电机等核心技术上持续创新，不断提升产品的竞争力。另一方面，通过规模化生产和本地化，比亚迪

---

① 天风证券：《天风出海主题投资策略报告：中国企业开启大航海时代，天风出海精选指数投资正当时！》P47。

的乘用车在价格上具有显著优势，普遍低于欧美的同级别车型。截至 2023 年 10 月，比亚迪的乘用车已经覆盖了全球 58 个国家和地区 ①。

此外，比亚迪还实施了差异化营销策略，根据不同市场的特点，推出符合当地消费者需求的车型和配置。比如在人口密度高，城市道路相对拥挤的日本投放海豹、海豚等小型车辆；在东南亚等价格敏感度高的新兴市场投放高性价比的右舵驾驶车辆；在美国、德国等发达国家主要推广高端新能源车型；在对环保和节能要求较高的澳大利亚推出高性价比电动 SUV 元 Plus（ATTO 3），并获得了欧洲 NCAP 的认可，其在欧洲的定价比肩 BBA，在大洋洲的售价比国内高出 50%。

2023 年，比亚迪超越特斯拉，成为全球纯电动乘用车销量第一的供应商。比亚迪 2023 年第四季度纯电动乘用车销量稳居全球第一，全年新能源汽车累计销售突破 302 万辆。

三、依托本土知名渠道，同时推进直营门店建设

目前，比亚迪的业务已进入亚洲、拉美、大洋洲和欧洲等多个地区。

在线下渠道，比亚迪主要采用与海外本地经销商合作的方式销售产品（见表 3-6），这些经销商还为消费者提供全面的售后服务，包括质保、保养、维修、救援、客户关怀和车联网服务，从而升级消费者的用车体验。

---

① 天风证券：《天风出海主题投资策略报告：中国企业开启大航海时代，天风出海精选指数投资正当时！》P47。

　　同时，比亚迪还在个别国家比如柬埔寨开设直营门店，强化渠道铺设，与经销和加盟模式一起发挥作用。

表 3-6 比亚迪合作的代表性本土经销商[①]

地区	国家	渠道数量	渠道类型	经销商合作情况	后续渠道规划
亚洲	日本	截至 2023 年 1 月，20 家门店	经销	"双日"等	2025 年年底前，在日本开设 100 家门店
	新加坡		经销	E-Auto	
	泰国	计划 2022 年年底建成 31 个经销店	经销	Rever Automotive	到 2023 年将建成 60—70 家经销店
	印度	截至 2022 年 10 月，24 家展厅	经销		计划在 2023 年前达 53 家经销商展厅
	柬埔寨	2022 年将在暹粒等主要城市开设 20 余家直营店和加盟店	直营＋加盟	环亚合众	
	以色列		经销	Shlomo Motors	到 2023 年年初，预计将有 6 家门店陆续开业
	阿联酋		经销	Al-Futtaim	
欧洲	德国	10 家	经销	Hedin Mobility	
	瑞典	24 家	经销	Hedin Mobility	
	挪威	60 家	经销	RSA	

① 开源证券：《出口加速，汽车产业焕发二次成长》P18，数据截止到 2023 年 5 月。

续表

地区	国家	渠道数量	渠道类型	经销商合作情况	后续渠道规划
欧洲	荷兰	首家门店 2022 年 9 月开业	经销	Louwman	
	丹麦	7 家	经销	Nic Christiansen	
大洋洲	澳大利亚	14 家体验中心，41 家服务中心，10 家维修和服务中心	经销	EV Direct	
	新西兰	12 家	经销	Ateco	
美洲	墨西哥		经销	Grupo Continental 等 8 家	
	巴西	截至 2022 年 10 月，10 家新能源汽车门店	经销	Eurobike、Saga 等 8 家	到 2023 年年底设立 100 家门店
	智利		经销	ASTARA	
	哥伦比亚		经销	Motorysa	
非洲	摩洛哥		经销	Auto Nejma SA.	
合计		280+ 家门店			515+ 家门店（含目前已开业门店）

　　为了提升充电体验，比亚迪与壳牌签署了全球战略合作协议，携手提升比亚迪纯电动汽车（BEV）和插电式混合动力汽车（PHEV）用户的充电体验。这一合作将进一步完善比亚迪的补能网络，增强其在全球市场的竞争力。

　　在线上渠道，比亚迪同样不遗余力。比亚迪官网作为全球统一的线上销售平台，消费者可以通过官网在线下单购车。比亚迪还与汽车电商平台合作，开辟线上销售渠道，为消费者提供更多购车选择。

四、全方位的整合品牌传播

比亚迪在海外市场的品牌传播和营销策略丰富多样，且成效显著。通过赞助大型体育赛事、利用流媒体平台、聘请当地网红、参与车展等活动营销以及承担社会责任，比亚迪成功提升了品牌知名度和市场影响力。

作为 2024 年欧洲杯的赞助商，比亚迪在赛事现场和转播信号中投放了大量广告。这些广告不仅包括企业整体形象的宣传，还特别针对单一车型进行了推广。在比赛过程中频繁出现的中文广告，引起了观众的广泛关注和讨论，大大提升了比亚迪在国际市场的品牌知名度和影响力。通过这样的大型国际赛事，比亚迪不仅接触到大量潜在客户，还展示了其作为全球领先品牌的实力。

此外，比亚迪积极借助流媒体平台进行品牌营销。亚马逊 Prime Video 等平台成为比亚迪的新营销渠道，通过在热门节目中插播广告，比亚迪的品牌能够自然融入观众的生活场景，增加品牌曝光率和消费者互动频率。这种策略不仅提升了品牌好感度，还使比亚迪与全球观众建立了更紧密的联系。

比亚迪还注重本地化营销，在东南亚和拉美地区，聘请大量当地网红进行产品和品牌推广。这些网红拥有大量忠实粉丝，通过他们的推荐和宣传，比亚迪能够更好地触达目标消费群体，提高品牌在当地的认知度和美誉度。与本地网红的合作，增强了比亚迪品牌的亲和力和接受度，帮助其快速融入当地市场。

2022 年 10 月，比亚迪在法国巴黎车展上向欧洲市场推出了汉、唐及元 Plus（ATTO 3）三款车型，并开启了在包括挪威、丹麦、瑞典、荷兰、比利时、德国等多个欧洲国家的交付。2023 年，比亚迪参加东京车展，进一步展示了其在亚洲市场的影响力。通过这些国际车展，比亚迪不仅展示了其创新技术和高质量产品，还巩固了其在全球市场的地位。

在履行社会责任方面，比亚迪同样表现出色。秉持"科技慈善"的理念，比亚迪积极参与慈善公益事业，在重大疫情和灾难发生时多次捐款捐物。比亚迪慈善基金会定期开展关爱老人、资助教育等公益活动，传递正能量，切实履行企业社会责任。此外，比亚迪还制定了《供应商企业社会责任管理作业细则》，对供应商在环境、劳工和人权等方面提出明确要求，并进行现场审核和评估，确保整个供应链的社会责任管理到位。

通过多样化的营销途径和扎实的企业社会责任行动，比亚迪不仅在全球市场树立了良好的品牌形象，还实现了显著的市场扩展效果。

五、产能出海与未来挑战

比亚迪深耕新能源，布局产业链，积极推动价值链出海。

一方面，比亚迪总投资 47 亿元，定制 8 艘汽车滚装船，确保供应链稳定，并降低运输成本。另一方面，比亚迪直接在海外设厂生产，推动产能出海。目前，比亚迪共有 5 个海外生产基地，13 个海外办公和服务中心①。比亚迪泰国工厂于 2024 年 7 月 4 日正式投产，并下线了比亚迪的第 800 万辆新能源车。这是比亚迪在海外投资建设乘用车厂的首个项目，是与泰国最大的工业区开发集团伟华集团合作的，投资近 180 亿泰铢，规划年产能 15 万辆。这一举措将进一步加强比亚迪在东盟国家及东南亚地区的市场布局。

在推动出海的同时，比亚迪在全球扩展过程中也面临着一系列挑战，这些挑战不仅来自市场准入和法规的限制，还包括政治和舆论压力。比亚迪采取了一系列有效的解决措施，以应对这些复杂的环境。

首先，欧洲市场对中国新能源汽车进口的反倾销调查是比亚迪面临的较大挑战之一。2023 年，欧盟对中国出口的电动汽车启动了反倾销调查，欧盟委员会于 2024 年 6 月 12 日宣布，自 7 月 4 日起，将对从中国进口的电动汽车加征惩罚性关税。在原有 10% 进口关税的基础上，最高可额外加征 38.1% 的惩罚性关税。此外，欧洲发达国家的准入门槛较高，宏观环境和地缘政治的变化增加了市场准入的不确定性。为了应对这一挑战，比亚迪正在加速欧洲本土化布局，在欧洲设立工厂和研发中心。比亚迪选择在匈牙利建立其在欧洲的第一家工厂，这不仅能提供优质和具有成本竞争力的生产条件，还能增强比亚迪品牌在欧洲市场的接受度。本地化生产能够缩短交付时间，提高客户信任度，从而有效应对高关税和准入门槛的问题。

其次，欧盟发布的《关键原材料法案》对新能源汽车上游原材料的本土化提出了严格要求。到 2030 年，欧盟计划每年内部生产至少 10%

① 艾瑞咨询：《2023 年汽车服务平台研究报告》。

的关键原材料，并且任何加工阶段来自单一第三方国家的原材料年消费量不应超过欧盟总体的 65%。比亚迪通过加强本地化供应链，减少对单一国家原材料的依赖来应对这一挑战。此举不仅能满足欧盟的法律要求，还能增强比亚迪在欧洲市场的竞争力。

最后，欧盟出台的绿色新政对电池标准、市场准入和碳排放提出了更高要求。为了应对这些绿色准入机制，比亚迪与壳牌签署了全球战略合作协议，提升纯电动汽车和插电式混合动力汽车用户的充电体验。这一合作不仅提升了比亚迪产品的绿色竞争力，也增强了其在全球市场的可持续发展能力。

比亚迪在北美市场也遇到了类似的挑战。2013 年 10 月，洛杉矶劳工局以比亚迪违反美国劳工法为由，突然对其在加州的工厂和办公大楼进行查处，随之而来的舆论压力使比亚迪陷入困境。同年 11 月，洛杉矶工会组织发动游行示威，抗议比亚迪抢占当地就业机会。2014 年 3 月，美国联邦运输管理局警告长滩运输署，如果继续履行与比亚迪的巴士合同，将失去资金来源，迫使长滩运输署取消订单。比亚迪通过与当地政府和社区的沟通，加强合规管理和企业社会责任，逐步化解了这些危机。

在其他国家，比亚迪同样面临着类似的挑战。2023 年初，日本媒体声称在比亚迪电动车中检测到含有被日本禁止使用的六价铬。2023 年 8 月，英国媒体声称比亚迪电动车可能会被用于监视英国公民，并建议政府采取措施防止中国电动汽车主导市场。对此，比亚迪通过严格的质量控制和透明的信息披露，回应了这些质疑，维护了企业的声誉。

展望未来，比亚迪计划在 2024 年加速海外市场拓展和产品导入，预计全年出口量将翻倍，达到 40 万—50 万辆。比亚迪已经在东南亚的泰国、中亚的乌兹别克斯坦、南美洲的巴西以及东欧的匈牙利布局了生产基地。目前，乌兹别克斯坦工厂已经启动生产，泰国和巴西的两座乘用车工厂也将陆续建成投产。此外，比亚迪与匈牙利塞格德市政府签署了土地预购协议，预计当地的工厂将在三年内建成并投入使用，辐射整个欧洲市场。

比亚迪的全球化战略展现了其在技术创新、成本控制和市场营销方面的全面优势。 通过不断拓展国际市场，比亚迪不仅提升了自身的市场竞争力，也为全球消费者提供了更多高性价比的新能源汽车选择。随着比亚迪在全球市场的不断扩展，其未来的发展前景无疑将更加广阔。

第 4 章

洞察与建议
——出海访谈实录

前瞻：企业价值出海
六大趋势预测

2024 年 6 月 15 日，欧洲杯开赛。除了精彩的赛事，作为营销人最关注的就是赛场上的企业广告。

本次欧洲杯共有 5 家中国企业投放广告，数量打破了历史纪录。这 5 家企业分别为海信集团（投放品牌广告且作为 VAR 视频助理裁判提供显示技术支持）、蚂蚁集团及旗下支付宝品牌（全球化品牌 Alipay+ 冠名了 2024 年欧洲杯得分王奖杯）、vivo（投放品牌广告）、比亚迪（欧洲杯官方出行合作伙伴）和全球速卖通（欧洲杯历史上首个电商赞助商，为全球观赛者提供折扣、互动游戏玩法及包括比赛门票在内的奖品等）。

这是中国企业品牌出海趋势的一个典型缩影：这 5 家企业分别来自家电、金融支付、手机、汽车和跨境电商行业。中国企业出海的主力，正在从劳动密集型行业转移到科技属性更强的行业。行业的变化，对出海企业提出了新的要求。举个例子，对于服饰行业来说，科技属性很低，主要卷的就是价格，低成本薄利多销做大规模即可。但对于汽车行业，是否可以复制同样的打法，这是要打一个问号的。对于高科技行业，低价只能是技术与品牌之外的加分项，而不是成功的关键要素。

2024 年，全球市场正在剧烈变动。美国和欧洲正在建立藩篱阻挡中国廉价商品的进入，欧洲也在降低俄罗斯廉价能源供应的比重①，全球经济正在经历脱钩和重构，低通胀高增长的基石被打破。在这样的大背景下，我们需要应对多重冲击，抓住变化的大趋势，同时关注那些具体可行的机会。

图 4-1　中国企业出海的六大趋势

趋势一，新全球品牌：经济中心与品牌中心转移同步发生

经济中心的转移会对品牌和经营产生冲击。在过去的世界经济 10 年中，全球经济中心区域的转移，往往伴随着品牌中心的转移。

比如在 20 世纪 50 年代中期到 70 年代初，日本经历了快速的工业化和现代化进程，实施出口导向的经济政策，诞生了索尼（创立于 1946

---

① 乌克兰决定在 2024 年年底切断俄罗斯输欧天然气，这将使得从 2025 年起，俄罗斯无法通过乌克兰向欧洲输送天然气。这一决定是在乌克兰和俄罗斯之间的战争持续升级的背景下做出的，可能会对欧洲的能源供应产生重大影响。

年)、丰田（创立于 1933 年）等全球品牌；美国在经济繁荣的 20 世纪 60 年代到 70 年代，则先后诞生了微软（创立于 1975 年）、苹果（创立于 1976 年）等全球科技企业；在"汉江奇迹"①期间，韩国政府也是实施了"出口主导型"的开发经济战略，使三星电子成为全球最大的电子产业制造商之一……

今天的中国毫无疑问是世界经济增长的中心。在这样的逻辑下，我们将会看到更多来源于中国、服务于全球的超级品牌出现，比如前文提到的那 5 家欧洲杯赞助商企业。我们相信这个超级品牌名单会越来越长。

趋势二，价值新范式：新通用技术重构价值塑造模式

根据马克思的技术进步理论，技术本身虽然不直接创造价值，但它在商品价值形成过程中的作用是不可忽视的。技术进步创造新产品和提高劳动生产率，不仅影响着生产资料本身的价值及其转移速度，还重新塑造着创造新价值的劳动。

新质生产力要求以创新作为主导，摆脱传统经济的增长方式，发展先进生产力质态。它强调高科技、高效能、高质量，要求以技术进步作为发展的重要推动力，通过不断的技术革新和突破，推动生产力的现代化和升级。

在这样的大背景下，互联网技术、人工智能、合成生物学、新型包装材料和能源技术正在重新定义我们的生活、产品、品牌和产业。技术

---

① 汉江奇迹：指的是 20 世纪 60 年代至 90 年代间韩国经济的迅速发展。

的进步不仅有助于提升产品质量，还可以降低生产成本。更进一步，它还可以推动新产品的开发和创新，满足消费者多样化的需求，增加产品的附加值。技术的进步将造就一些拥有卓越性能的高价值产品以及全新的使用场景。比如一些家用电器已经升级为智能化家电，通过增强产品的易用性和可用性，改善了我们的生活体验。

我们判断，在未来 5—10 年内，区分卓越企业和失败企业的核心标杆，不再是拥有资产的数量，而在于拥抱和采用智能化技术的水平。智能化并非目的，而是实现良性增长的重要发动机。良性增长是寻求有利润且以最小必要增长速度的增长，它应对的是全球无增长或缓慢增长的新时代。在全球高增长时代，我们追求市场份额最大化，通过"贿赂顾客"、大手笔投入和"圈地"来寻求市场份额最大化。这种增长在低增长时代会遇到严重挑战，原因是获客成本高，顾客回报率、现金流和利润不足。一旦不能持续获得流动性融资，就会遇到问题。而在数智化技术上实现的增长，是有机增长和可持续增长。

趋势三，价值新空间：ESG 和用户价值变迁的新价值空间

ESG 是指全球消费者对环境、社会价值以及公司治理的透明与公正性的关注。一方面，消费者越来越愿意选择那些关注环境和可持续发展的产品和品牌，这些品牌更容易获得消费者的青睐；另一方面，也有一些企业没有将 ESG 作为成本，而是借此探索其他商业模式，获取新的价值空间。

2021年4月，腾讯成立了可持续社会价值创新事业部（Sustainable Social Value，简称 SSV 事业部），宣布首期投入 500 亿元，同时针对碳中和方向，专门设立了"碳中和实验室"[①]。腾讯通过其 FM 管理平台（Tencent Facility Management）对全球各地的数据中心和办公楼进行实时能耗及水资源消耗的统计分析、统一管理，并通过购买碳配额或投资绿色项目等方式实现碳中和。在节能的同时不仅减排，还可以通过提高能效节省成本。

中国服装品牌波司登要求供应商提供的原材料必须满足环保标准，比如避免使用有害化学物质，优先选择可再生或可回收的材料等。首先，供应商需要提供相关的环保证明和认证。其次，波司登拥有国际羽绒羽毛局（IDFB）授权、中国合格评定国家认可委员会（CNAS）认可的实验室，对每一批羽绒都会进行严格的检测，确保其符合质量标准[②]。最后，波司登还会要求供应商提供完整的供应链信息，确保原材料的来源可追溯[③]。对于不符合要求的供应商，波司登会根据其评定体系进行处理，采取相应的合作策略或终止合作[④]。

---

① 36 氪：《腾讯 SSV 副总裁许浩：碳排放不高的腾讯，为什么要碳中和？》https://mp.weixin. qq.com/s/k2iwnUEOT1XJvsgfz27LtA。

② 界面新闻：《波司登，继续攀登》https://mp.weixin.qq.com/s/2DHNSkWEOgR1D19XjPiBgg。

③ 全联纺织服装业商会：《ESG 可持续发展丨波司登以产品创新助力迈向绿色低碳未来》https://mp.weixin.qq.com/s/PI04JJl2lbOTtulCO5fh_g。

④ 波司登将供应商划分成 5 个等级，S/A/B 类为优质供应方进行重点合作，C 类为一般供应商依据产品需要控制小体量合作，D 类为不合格供应商不予合作。

趋势四，有根的国际化：从供应链效率到供应链安全

在当前复杂的经济地理和政治环境下，中国企业要发展壮大，必须在战略思维上进行升级，为了应对全球贸易保护主义和区域化多边主义，我们应从纯粹的 GDP（Gross Domestic Product, 国内生产总值）思维，升级到 GNP（Gross National Product, 国民生产总值）思维。二者的主要区别可以用一个公式来表示：GNP = GDP+ 居民在国外的净要素收入−非居民在国内的收入。也就是说，GNP 涵盖了本国国民在海外市场创造的收入。GDP 是国土思维，GNP 是国民思维，因此超越了国土限制，这个指标非常适合当前企业出海大趋势下的价值统计。

但值得注意的是，企业在全球市场上发展壮大，同时要扎根中国，因为我们的人才、文化、制造和工程红利都在中国。作为全球最大的汽车玻璃供应商，福耀玻璃将总部设在中国福建省福州市，这里不仅是它的主要运营和决策中心，也是其研发中心、生产基地和行政中心等重要部门的所在地。位于总部的集团设计中心同时兼具"研发大脑"功能，向福耀在全球的设计中心和生产基地提供 DFMEA（故障模式和影响分析）、设计规范制定和培训课程、海外设计中心的技术支持及人才培养。

我们不能走无根的国际化道路，"有根在中国"是海外扩展的前提条件，这样才能实现持续发展。

趋势五，全球化的翻转：从成本驱动到市场驱动

在本书开头（第一章）我们就提到了企业出海的四个阶段和四种模

式。在出海早期，企业主要通过低成本、低价格的方式参与国际竞争。随着全球化的深入，企业开始注重在全球市场中建立品牌、拓展销售渠道和构建研发能力，这要求企业不仅要关注成本，更要关注市场需求和消费者体验，即从成本驱动向市场驱动转变。

小米手机在刚进入印度市场时，主要采用的是高性价比策略，通过提供价格相对低廉（低于 1 万印度卢比，当时约 833 元人民币）但性能较高的产品（比如 Redmi 系列），赢得了大量价格敏感型海外消费者的青睐。但是 2022 年年底，这一局势发生了变化。据香港市场分析公司 Counterpoint Research 数据表明，2022 年第四季度，三星在印度手机市场的份额已达 20%，超过了小米的 18%。Counterpoint Research 的研究总监塔伦·帕萨卡（Tarun Pathak）指出，印度市场"高端化"趋势初显，但小米过于专注售卖低端手机产品组合而忽视了这一市场转变，没能给出充分的应对措施[①]。因此，在 2023 年，小米先后推出了顶配版售价超过 3 万卢比（约 2496 元人民币）的红米 Note 12 和售价 79999 卢比（约 6658 元人民币）的小米 13 Pro，以满足市场对高端手机的需求。市场研究机构 Canalys 数据显示，2024 年第一季度在印度市场，小米智能手机的出货量达到了 640 万部，同比增长 29%，市场占有率为 18%，较 2023 年同期增加了 2 个百分点。

---

① 智东西：《小米在印度的得与失：策略失误，三星反超；调整战略，销量回暖》https:// new.qq.com/rain/a/20230317A07M2800。

趋势六，高端化和品牌化：跨文化叙事和服务升级

今天我们面临的是挑战、机会、新认知、新范式以及旧习惯的交融、挣扎和困惑。在这样的大时代背景下，我们观察到，企业和品牌在很大程度上影响了现代人的生活、乐趣、能力和感受。如果我们能理解这个时代的主题，就非常容易了解我们需要如何做以及品牌该如何打造。

品牌并非漂亮的广告、设计、包装、公关、10 万+ 阅读量的文章、代言人或者铺天盖地的广告覆盖，这些都是构成品牌的必要非充分条件。要成为品牌，最重要的是：企业是否真正理解顾客的具体身份，以及为顾客创造了怎样与众不同的价值，从而可以清晰地回答这个问题 —— 我的产品、公司和品牌为消费者提供的独特价值主张是什么？我的价值主张如何帮助我约束、提炼产品和品牌的核心差异点，从而帮助消费者有效地在众多产品中选择我。

中国企业的全球品牌打造，需要进行跨文化叙事和产品服务升级。

首先，进军国际市场的中国企业要秉承一个基本原则：尊重当地的文化，讲述当地的故事，让你的产品值得当地消费者信任。

在海外市场中，中国企业要特别慎重地使用中国元素，同时要活用中国经验。中国企业出海，特别是在中国已经做出名堂、做出较大规模的企业出海，最容易犯的错误就是希望用一个品牌打遍全球，用在中国惯常的手段去来服务全球消费者，这样做失败的可能性非常大。

凯文·莱恩·凯勒在《战略品牌管理》最新一版里面讲述的"品牌二级联想物"（Secondary Brand Associations），就谈到了"原产国效应"（Country-of-Origin Effect）和"原属地文化效应"（Cultural

Origin Effect）对品牌所带来的杠杆和损害。原产国效应是指消费者对某个品牌或产品的看法受到其生产国的影响。如果一个国家在某个产品类别上拥有良好的声誉，那么来自这个国家的品牌可能会被认为具有更高的质量或更先进的技术。反之，品牌也会受到负面影响。原属地文化效应则涉及品牌与特定文化或地区的关联。消费者可能会因为品牌与某个文化或地区的紧密联系而对其产生正面或负面看法。

其次，全球市场可以分为几个不同的板块，它们正处于不同的发展阶段。 在不同市场打造品牌，需要洞察当地市场的需求，不仅是消费者对于经济价值和功能价值的需求，还包括心理和情感上的需求。

比如，在东南亚市场，印度尼西亚有将近 18% 的高净值人群，他们购买产品的客单价，已经达到了中国一线城市的水平，富裕起来的他们追求高价值、高技术含量的产品。当然，我们不能以太宏观的眼光看待市场，每个国家都有不同的细分人群。相较之下，欧美市场是传统的高价值市场，他们的高净值人群有很强的支付能力，愿意为创新技术、卓越体验、值得信任、有价值观、符合 ESG 要求的品牌支付溢价。这一类人群更值得重视。

中国企业出海，要学会如何把产品"卖贵"，比如借助产品服务升级以及品牌塑造。只有这样，才有足够的毛利润支撑企业做进一步研发，吸纳更多的人才，进而展开全球扩张之路，这是一个正向循环。高端品牌是基于创新的技术和体验、极高的性能、卓越的审美、有情感和价值共鸣的品牌理念，才能做到"贵有所值"。

中国目前的品牌、产品在未来较短的时间内，很有机会成为全球主流品牌或高端品牌。比如茅台，或是一些带有强烈国风文化审美感的服饰、鞋包领域的品牌。另外，在以智能化、新能源为核心代表的"三新领域"，中国品牌也正在弯道超车。

访谈风投机构 ATM Capital：
出海成功的关键是回归业务本质

ATM Capital 是一家专注于东南亚市场的风险投资机构，成立于 2017 年，主要关注电商、物流、消费零售、金融科技等领域的早期和成长期投资。随着东南亚电商的快速发展，ATM Capital 凭借早期对极兔速递（J&T Express）等项目的投资而声名鹊起。其他投资对象还包括 Y.O.U 美妆品牌、MAKUKU 母婴品牌、TOMORO COFFEE 连锁咖啡品牌等。

ATM 创始人屈田（Tony Qu）曾是阿里巴巴集团战略投资部初期创始团队成员。ATM 投资团队由来自阿里巴巴、蚂蚁金服、腾讯、鼎晖、华为等知名企业和机构的资深人士组成，拥有丰富的投资、创业和企业管理经验。凭借对东南亚市场的深刻理解和精准的投资策略，ATM Capital 已经成为该地区领先的风险投资机构之一。以下内容来自科特勒咨询对屈田的专访。

科特勒咨询：

ATM 专注于东南亚地区，特别是印度尼西亚，为什么做出这样的选择？

屈田：

全球市场都有很大的机会。但是我们认为，要先选择一个市场起步。在海外市场中，成熟市场的竞争更加激烈，而新兴市场的新机会更多。尤其是 2017 年我们刚到海外的时候，新兴市场的移动互联网和电商刚刚发展起来，孕育着很多新的机会，所以我们先选择了新兴市场。

然后，在所有新兴市场中，我们用排除法去选择最终的目标。

首先，我们列出了一些指标，比如市场规模要足够大，这样就排除了中东。然后，因为我们对消费和电商这两大赛道比较感兴趣，所以这个市场要有一定的消费力，而且受地缘政治影响也要比较小，这样就排除了印度。印度市场人口虽然多，但是消费力比较差，受地缘政治影响也比较大。非洲的消费力也不够，拉美我们判断位置相对有点远。

综合排除下来，我们觉得东南亚是一个不错的选择：第一是人口足够多，有将近 7 亿人口，只比中国和印度少，放到全亚洲也是一个人口很多的区域。第二，它正处于刚刚进入消费升级的阶段，消费能力也不差。东南亚 GDP 规模其实比印度还大，经济增速也非常好；再加上这个区域历史上对中国、对华人都比较友好，所以我们觉得相对来说地缘政治的风险比较小，综合评估最后选择了东南亚。

在东南亚，最大的单一市场就是印度尼西亚，有 3 亿人口，所以我们当时提了一个口号，就是"得印度尼西亚者得东南亚"。

科特勒咨询：

除了消费和电商，还有哪些行业适合进入东南亚这块市场？

屈田：

我觉得现阶段可能跟电商相关、消费相关的行业是比较适合的。尤其是大众消费品，甚至是中国过去所谓"下沉市场"的一些比较受欢迎的产品和商业模式。

从长期讲，未来新能源可能也有机会，但是我觉得现在可能还早了一些，因为市场的消费力还不够。新能源很明显需要消费升级和经济发展才能发展起来。

另外，中国供应链的外迁，让制造业也有很多机会，但是制造行业往往不太适合我们 VC 去做。所以从 VC 角度，我们觉得"大消费"的概念，包括衣食住行、吃喝玩乐、文化教育、健康医疗等行业，都有很好的机会。

科特勒咨询：

中国企业出海一般会有几种不同的模式，比如出口产品、投资当地的企业或者在当地建厂等。在东南亚，据您观察，中国企业进入当地市场一般是采取怎样的模式？

屈田：

我们不叫"中国企业"，我们称之为"中国背景的企业"或者"中国背景的团队"。因为我觉得，一旦公司业务进入全球，其实你很难说它是不是"中国企业"，这个定义会越来越模糊。

我们的观察和分类跟你们不一样，我们有自己的模型，一般认为有两类：

一类是"中国企业出海"。比如企业在中国做得比较大了，然后再往海外去走，把它的模式布置到海外，或者把它的产品跨境销售到海外。无论它是自己发展还是并购发展，我认为本质上没有什么太大差别，在我们看来都属于中国企业出海。它可能根据不同的市场、不同的能力采用不同的模式，而且这个模式也不是一定就这样，也随时在变化。

另一类是"生而全球"。比如这个团队是中国背景的，团队成员可能在中国学习工作过，可能还是中国国籍，也可能已经换了其他国籍，但是团队并不是在中国创业，而是在海外创业，这种叫"生而全球"。比如极兔是 2015 年在印度尼西亚创立的，它是做得很好以后才回到中国。比如 Sea① 的 Shopee，它是在新加坡创立的。它们的特点是创始人和创始团队成员都是中国人或者曾经是中国人，所以他们在复制一些中国擅长的模式的时候，就会非常有优势。

并不是所有的中国企业出海都能做得很成功，哪怕它们在中国业务做得很好，在中国实力很强，因为这些企业比较缺乏国际化的能力。反过来我们看到这种生而全球的团队，它的国际化能力可能是天生的，如果业务能力也不差的话，这样的团队更有竞争力。比如一些中国头部快递公司可能在激烈的国内市场竞争中胜出，但是这些快递公司如果出海，在同一个海外市场往往会竞争不过极兔。

---

① Sea：Sea Limited，原名 Garena，是一家在东南亚市场具有重要影响力的互联网公司。成立于 2009 年，最初在新加坡成立，后业务网络发展至东南亚多个国家和地区。主营业务包括数字娱乐、电子商务（电商平台 Shopee）和数字金融服务等。

科特勒咨询：

ATM 当时是怎么发现极兔这个好项目的？可以讲讲这个过程中发生的故事吗？

屈田：

很多人认为我去东南亚之前就认识极兔。其实在选择去东南亚、去印度尼西亚之前，我都不知道存在极兔这家公司，听都没听说过。

我 2017 年刚到印度尼西亚的时候，基于过去在中国的经验，我判断东南亚最大的机会来自移动互联网和电商的结合，这是一个核心的判断。而且 2017 年其实有几个电商平台已经做得不错了，比如 Shopee、Lazada、Tokopedia 等，所以当时我们判断，市场再出来一个创业的公司做电商，从头开始做，（做出来的）可能性非常小。但是由于我之前在阿里巴巴集团工作过 8 年，有产品运营和投资并购的经验，我们马上就做出判断，一旦电商高速发展了以后，它原来市场的这些物流公司、快递公司是没有办法满足高速增长的电商业务需求的，所以会出现一个新的快递巨头，就像当年中通在中国崛起一样。所以我们觉得，电商的投资机会可能错过了，但是投资"基于电商的快递"可能是个大机会，所以我们就开始在这个市场进行研究。

经过细致研究后，我们把各个国家头部的快递公司都看了一遍。当时，我们发现，极兔已经是印度尼西亚第二大快递公司，而且它跟第一名的差距已经不大了，它在电商物流领域已经做到第一。我们还惊喜地发现极兔团队是中国人组成的，虽然是中国人，但是国际化能力非常强，在印度尼西亚本地化做得非常好，是非常接地气的一个团队。

　　所以我们判断，印度尼西亚本地应该没有一家快递公司能跟极兔竞争，而且极兔团队可以非常快速地学习中国的模式，理解中国的电商市场，包括服务好有中国背景的电商平台。随着电商的快速成长，我们判断极兔应该很快会做到市场第一，会很容易把它的模式复制到东南亚各个国家，从而成为整个东南亚最大的快递公司，这样就是一个非常好的投资标的了。

　　做出这样一个判断以后，我们就要寻找投资极兔的机会。但是极兔团队非常低调，不怎么见投资人。因为我们在印度尼西亚已经扎根，所以身边有很多共同的中国朋友，在一次饭局我终于见到了他们这个团队。我对这个团队的印象比原来听到的更好。他们既有远见又有野心，凝聚力特别强，狼性很强，非常积极主动，执行力超强，这是很难得的。

　　我提出来想投资他们，但是因为当时极兔不太缺钱，所以我们就先从一些其他合作开始，相互加深了解以后，有一个投资极兔的机会，我们就投资了。后来基本上我们每轮都会投，一直投资到它上市。

科特勒咨询：

ATM 在判断一家公司的时候，是不是有比较成熟的方法论，或者一些重点关注的指标体系？

屈田：

　　不同行业不一样，每个行业都要建立单独的指标体系。但是总体来说，要先判断一个行业的大发展趋势，然后判断整个东南亚电商的快速发展，天花板是不是很高，再进一步判断是否会出来一个头部的公司。

接下来会看它的团队、业务模式、现在所取得的成绩、它在竞争中的位置、资本效率等。总之，投资人必须要非常懂这个业务的本质，只有了解业务，才能根据业务建构投资模型。投资模型是基于自己对该业务的理解，如果自己搞不懂业务，投资模型就全错了。

科特勒咨询：

您刚才提到有一些中国企业出海不是很成功，可以分享一个您观察到的出海失败的案例吗？其中存在哪些教训？

屈田：

常见的失败有几个原因：

一是你的团队有没有在海外独立创业的能力。有些中国企业创始人没有出来，而是派一个基层的工作人员出来，而且集团没有给足够的授权和支持，这个肯定做不成。

二是选择方向。比如上文提到的东南亚市场和一些中国做下沉市场的模式，我们看到一些中国消费升级的模式，比如高客单价、高毛利的这些产品，在东南亚是很难生存的。很多企业会因为它在中国擅长做什么，就自然而然想把中国的优势延伸到东南亚，但是其实他们并没有仔细研究这个模式适不适合当地市场。举个例子，在东南亚做 SaaS 软件和ToB 就比较难，因为东南亚没有那么多大企业。

科特勒咨询：

您是否可以给中国出海品牌在融资方面提一些建议？这些企业怎样更容易获得资本的青睐？

屈田：

我觉得，还是把你的业务做好，回归业务本质。融资融不到的原因就是业务做得不够好。如果你做得像极兔这样成功，即使你没有融资需求，也有资本主动来找你。

访谈数字化服务商 PTC:
制造业企业国际化与数字化转型

　　PTC(参数技术公司)于 1985 年成立,公司总部位于美国马萨诸塞州,在纳斯达克交易所上市。PTC 是一家全球性软件公司,致力于帮助工业和制造企业实现数字化转型,以设计、制造和服务全球所依赖的实体产品。PTC 拥有 7000 多名员工,为全球 30000 多家客户提供支持,包括制造业、汽车、航空航天和医疗设备等行业。超过一半的《财富》500 强企业与 PTC 合作进行创新。

　　PTC 提出,数据转型是一个无限的闭环,连接着(左边)数字世界和(右边)物理世界。将用户的需求通过数字的形式来规划、设计,把这个过程带入生产车间,提升了公司的运营管理能力。PTC 在 CAD 和 PLM 市场中占据重要地位,其软件和解决方案被全球众多知名企业采用。随着技术的发展,PTC 也在不断探索新的市场机会,如通过 AR 和 IoT 技术提供更全面的服务。

　　为了解更多内容,科特勒咨询采访了 PTC 中国区首席技术官施战备。

科特勒咨询:

制造业国际化是必然选择,有哪些关键挑战?

施战备：

观点一：中国制造业的出海趋势在过去两年尤为明显，这不仅是企业市场拓展的需要，更是企业战略转型的重要体现。从工程机械到新能源装备，中国企业正将国际化上升为企业核心战略，以适应全球市场的需求。

国际化道路充满挑战，产品合规性、供应链网络、地缘政治因素、当地政府合作（包括投资合作）、售后服务体系（备件体系、库存中心管理等后链路体系）等都是企业必须面对的问题。

观点二：供应链网络与售后服务的本地化战略是成功的关键。在国内，得益于发达的工业网络和高效的物流系统，以及成本较低的配套服务，企业通常能够在 24 小时内迅速响应市场需求。这种高效的响应能力导致企业往往忽视了构建一个完善的数字化售后服务体系的重要性。

然而，在国际市场上，情况则大不相同。如果通过跨国快递或空运，不仅面临高昂的时间成本，而且运输时间的不确定性以及较高的物流成本，这些都可能对品牌形象和用户口碑产生不利影响。因此，为了确保服务质量和客户满意度，企业必须在海外市场建立起一套数字化驱动的、完整的、本土化的服务体系和备件供应体系，以实现快速响应和高效服务。这不仅能够降低运营成本，还能提高客户忠诚度，进而巩固和提升企业的市场竞争力。

观点三：海外建厂与研发管理体系的挑战。近年的政策变化促使企业需与当地政府建立更紧密的联系。海外建厂的模式，给企业的研发管理体系、生产制造管理体系带来一个新的挑战。本地的工厂跟异地工厂的制造模式不同。例如，某机械企业在东盟国家建立了以组装为主的工厂，满足了当地政府的制造要求并促进当地就业。企业利用国内技术优势，生产成全套散装件（CKD），再将其运至海外工厂进行组装。一方面有效降低了因关税带来的成本增加；另一方面，最大限度地利用了当地的生产能力（尤其是解决当地工人可能暂时无法掌握的复杂技术工艺情况），确保关键工序和关键质量的控制。通过这种策略，公司不仅提升了全球竞争力，也逐步培育了当地人才。

观点四：目前除了行业超级巨头企业，能从研发—制造—售后服务全部端到端以数字化形式拉通的企业很少。实现从研发到工艺再到生产制造的数据流对接，不仅是构建智能制造工厂和数字化制造的关键，也是跨国企业运营效率和产品质量的基石。企业必须建立一套完善的数据管理和分析系统，以实现从总部研发到海外工艺转化的闭环管理。这不仅确保了产品设计与制造工艺的一致性，还提高了生产效率和产品质量。通过数字系统在生产过程中，快速识别问题、分析原因并采取相应措施的能力，对于提高产品的一次性维修通过率和整体良品率至关重要。

通过这种全球一体化的数据管理和分析，企业能够在全球范围内实现研发与制造的高效协同，提升全球竞争力，同时确保产品和服务的高标准和高质量。

科特勒咨询总结：

"对工业产品和服务而言，品牌管理代表着一种建立持久竞争优势的、独特而有效的机会。"这句话来自由菲利普·科特勒教授与弗沃德教授写的《B2B 品牌管理》这本书，许多世界顶尖的全球化一流企业都在遵循这一中心思想。

B2B 业务模式的企业，通过价值创造和创新保持着领导者的地位，通过科特勒多年的全球咨询经验和案例研究，我们总结了几个企业实践中的做法：

1. 能够构建确立清晰的全球价值主张，高度一致的品牌信息、品牌愿景、品牌价值的全球品牌和营销战略，以充分利用 B2C 和 B2B 领域的品牌成功优势。

2. 立足品牌发展的全局，从成本视角转向投资视角，完善传播计划。

3. 整合世界范围内对产品、顾客和运作的知识。这一知识用于开发最富有效率的、精准的运作流程，创立易于在世界范围内整合新并购对象的业务系统。

4. 聚焦于核心业务、为其顾客提供最优价值主张、通过整合行业价值链促进利润增长。

5. 为企业找一位全球品牌经理（Global Brand Manager, GBM），负责制定能够树立强势品牌和产生全球协调效应的全球品牌战略。

科特勒咨询：

如何使成本中心变成盈利中心？

施战备：

　　首先，新质生产力就是"让数据发挥价值"。 让数据自动流通起来，让数据来驱动业务，这就是数字化转型要解决的核心问题之一。

　　其次，售后体系通常是影响企业运营成本的重要部分，世界领先的企业已经把售后服务变为企业的盈利中心。 关于建立本地备件和库存中心，一些企业选择适度地融入当地供应链，尤其是对于那些复杂性较低、可在当地采购的零部件。然而，备件供应的满足率与库存成本之间存在固有的矛盾：较高的满足率通常意味着需要维持较大的库存量，这直接导致成本的增加。因此，如何确定安全库存的最高限度，成为控制成本的关键因素。企业需要在保证服务水平和降低库存成本之间找到平衡点，以实现成本效益最优化。

　　许多海外企业通过签订服务级别协议（SLA）来提供额外的售后支持，通过提供高质量的售后服务，企业能够创造额外的收入，并建立长期的客户关系，这为公司创造了盈利机会。国外的售后服务标准严格，要求明确，迫使企业高度重视满足这些服务条款。因此，企业必须投资建立数字化的售后服务体系以确保服务质量。相比之下，国内市场在这一理念上存在较大差异，过去对数字化在售后服务领域的投入和重视不足，导致创新和数字化能力相对较弱。这种差异使得国内企业在国际化过程中，面临更大的挑战和冲击。

　　最后，需要许多企业采取收购本地企业的方式，完成全球化的研发

中心体系的布局，同步建立产品营销的支点和核心。 采取的基本策略是保留原先产品平台，利用企业在本地的品牌、供应链的优势和影响力，结合中国原有的品牌力、产品力进行推广，形成一套完整的策略体系。

科特勒咨询：

人工智能技术如何在工业互联网发挥作用？

施战备：

PTC 公司提供的数字化解决方案，包括研发与服务的整合、备件计划和备件管理的优化，以及基于全球产品销量数据的库存预测。这些解决方案帮助企业提高运营效率，降低成本，增强市场竞争力。当前，人工智能和大数据在制造业中的应用仍处于点状应用阶段。PTC 公司一直致力于推动制造业数据的整合与应用，通过智能化和自动化的研发过程，将工程师的隐性知识显性化，提高研发效率。

人工智能和机器学习技术在特定领域已经得到实施，但整体而言，行业尚未实现大规模普及，主要难点在于数据的获取与应用。制造业的数据具有高度个性化特征，并且往往不公开，这使得建立通用的大模型变得十分困难。此外，研发、制造以及售后服务等环节的数据整合存在障碍，进一步增加了应用的复杂性。

鉴于这些挑战，制造业未来的发展方向可能是开发和应用小规模、定制化的数据分析模型。这些小模型能够更精确地适应特定制造过程的需求，解决个性化数据的问题，并实现局部优化。通过这种方式，企业可以在保护数据隐私的同时，充分利用数据驱动的洞察，提升生产效率和产品质量。

对于以研发为核心的企业而言，智能化和自动化是提升研发流程效率的关键考虑因素。尽管许多工程师的主要工作目标是推动创新，但实际上，他们大部分时间（大约 80% 至 90%）所从事的是基于历史经验和知识，确保产品设计的高质量和周期性交付的工作。在这一背景下，将隐性的知识经验转化为显性的数据形式变得尤为关键。这种转化不仅有助于积累和传承企业的知识资产，而且还能通过数据驱动的方法，提高研发工作的可预测性、效率和创新性。因此，如何有效地将工程师的隐性知识显性化，并将其融入数据管理系统中，是企业在研发领域实现智能化和自动化的重要一步。

科特勒咨询：

关于打造创新力，有哪些来自全球企业的优秀实践？

施战备：

中国企业在科技创新方面与国际同行相比，展现出不同的发展轨迹和特点。在应用创新层面，中国企业表现出显著的活力和创造力，但在关键领域和基础技术的研究上，与国际先进水平相比仍有差距。

中国的部分行业，如工程机械领域，已经开始迈入自主创新的新阶段。这一转变的关键在于两点：首先是持续的资金投入，确保研发工作的持续性和深度；其次是坚定的决心，这推动企业不断探索和突破。通过长期的技术积累和市场实践，中国企业逐渐形成了自己的方法论和系统工程模式，步入了良性的科技发展循环。

以工程机械行业为例，通过正向设计和自主创新的路径，一些企业已经在全球市场上占据了一席之地。这些企业不仅在产品设计和功能上追求创新，而且在研发流程、生产工艺和售后服务等方面也实现了系统性的优化和升级。

科特勒咨询总结：

在国际知名企业中，我们可以观察到类似的创新路径。例如，全球知名的工程机械制造商卡特彼勒（Caterpillar）通过不断的技术研发和市场适应，建立了强大的品牌影响力和竞争优势。卡特彼勒在产品创新上不仅注重满足客户需求，还通过智能化和数字化技术，提高了产品的生产效率和可靠性。

作为国内代表性企业，三一重工正在实施全球化、数智化、低碳化"三化"转型战略，聚焦全球化的发展机遇与空间，同时积极推动电动化、智能化等创新技术的研发和应用，以减少碳排放并提升产品的环保性能，向世界讲好品牌故事。

科特勒咨询：

企业如何更好地做到 ESG 与可持续发展？

施战备：

在当前全球对环境可持续发展的高度关注下，制造业产品如何实现节能减排已成为企业研发过程中的关键议题。据研究，产品在其整个生命周期中的碳排放，有高达 80% 在设计阶段就已经决定，这包括了选材过程、加工过程以及产品交付过程中的碳足迹。

为了应对这一挑战，企业需要在产品设计阶段就开始考虑如何选用碳排放量最低的材料，同时满足产品的性能和功能要求。这不仅是一个技术问题，更是一个战略问题。例如，特斯拉（Tesla）通过使用创新的轻量化材料和高效能源系统，在电动汽车设计中显著降低了能耗和碳排放。企业的做法体现了对 ESG 原则的承诺，也展示了企业如何通过创新来应对环境挑战。

许多跨国公司通过实施节能减排措施、优化供应链管理、提高能效和使用可再生能源等方式，来减少其业务对环境的影响。中国企业远景能源达到了全球领先水平，成为中国首个获得 CDP（全球环境信息披露平台）A 级的新能源企业。在可持续发展领域能取得这样的成绩，也充分展现了他们在提高透明度和建立管理机制上的能力。

对企业的碳排放透明度和减排努力进行评估，这直接影响了企业的品牌形象和市场信誉。对于志在海外市场的企业来说，遵循 ESG 原则和获得 CDP 高评级，是应对国际市场挑战、满足当地法规要求和消费者期望的重要途径。

访谈社交平台 LinkedIn：中国 B2B 产业全球化迎来的黄金十年

LinkedIn（领英）是全球领先的职业社交平台，成立于 2002 年，会员注册数已超过 10 亿，覆盖全球 200 多个国家和地区。

领英的主要业务模式包括：构建职业社交网络，为用户提供一个展示职业身份、建立职业关系、分享信息和专业知识的平台；为企业提供招聘服务；为广告商提供广告投放服务；提供行业洞察、市场分析工具、在线课程和专业发展课程等。

领英中国团队聚焦于帮助中国企业在海外进行人才招聘、品牌营销和技能培训，通过人才、营销和学习解决方案业务，持续支持中国企业的全球化发展，实现人才国际化、品牌世界化、学习终身化的目标。

以下内容来自科特勒咨询对 LinkedIn 中国营销解决方案渠道业务总经理胡勤实的访谈。

科特勒咨询：

中国企业的国际化趋势和变化是怎样的？

胡勤实：

随着全球科技革命和产业变革的深入演进，全球化企业集中于四大行业：科技、新能源、智能制造与医疗产业，尤其是在光伏、储能、新材料、机器人技术、智能物流、仓储设备、生物医药等领域，展现出了显著的增长趋势，正迎来前所未有的全球化机遇。得益于中国雄厚的制造业实力和高效的供应链体系，这些企业在海外市场的拓展过程中，也在不断挖掘和利用本地营销伙伴的资源和支持，为海外市场拓展提供了坚实基础。但他们对线上资源的掌握和拓展尚显不足，例如仍有大量外贸企业尚未充分利用领英等线上平台的潜力，通过高效的精准营销锚定目标人群，提升品牌影响力和辐射力。

领英 CEO Ryan Roslansky 指出，"聪明的人和资金正在向 B2B 领域转移，广告行业或许应该洞察这一趋势"。B2B 品牌正迅速超越成熟的消费品牌，传统工厂意识觉醒，更多企业开始使用领英社交媒体，对目标客户讲好品牌故事等。这些都预示着中国 B2B 产业全球化的黄金十年即将到来。

下一波增长浪潮的重要指标是"追随人才"。人才是推动创新的原动力，世界上成功的 B2B 企业正在吸引当今全球经济中最令人渴求和最受重视的人才，打造一个国际化的人才发展体系，将本土专业人才与全球视野的人才相结合，以实现团队优势互补和资源的互惠共享。在人才管理上，优化人才配置和提升人才效能，是推动本土化运营战略深入实施的核心要素。

最后，中国企业走向全球的过程中会遇到诸多困难与挑战，其中最大的一个痛点，就是无法定位到精准的目标客户人群。领英作为全球最大的职业社交平台，拥有 10 亿+ 的注册用户，通过平台一手数据的洞察，帮助中国企业探测到最适合当前需求的海外市场，并精准定位该区域可以影响的目标人群，是中国企业出海征途中的"指南针"。

科特勒咨询：

优秀的 B2B 企业的经营模式和成功关键有哪些？

胡勤实：

首先，企业要有破圈思维，需要吸引具有全球化视野的人才，打破传统思维局限，实现创新突破。 其次，"慢即是快"，B2B 业务是复杂的、长期的，是建立百年老店的品牌思维，讲述引人入胜的品牌故事，避免同质化。此外，要有渠道与产业链共赢心态，构建健康的直销或渠道等多种方式的生态体系，实现产业链共赢、渠道共赢和生态共赢。最后，要提升企业整体的营销效率，加强利用社交媒体营销提升营销效率，获取高价值客户和销售线索。打造多维度品牌沟通策略，建立长期品牌信任。

成功的关键是企业要有本土化策略，深刻洞察并理解目标市场，强化本土化经营能力，并在资源配置、合作伙伴选择、满足当地消费者需求等方面实施本土化策略。提高商业模式的适应性，一套模式无法在全球都取得同样的效果，强化在海外市场的本土化经营能力是赢得竞争的核心。此外，企业要形成产业链领导力。中国企业在技术领域表现出色，但需进一步关注产业链的良性发展，形成共赢模式。提升产业影响力，让产业链起到领导作用，打造产业共赢模式。

科特勒咨询：

如何更好地运用创新、人才与 ESG ？

胡勤实：

B2B 企业的成功出海和全球品牌塑造，需要专注于客户体验、服务设计以及故事性传播——低价、指标和性价比，不是海外 B2B 企业的首要考量因素，海外客户关注中长期生意，对客户中长期发展、对行业发展的可持续性和双赢成长十分重视，是合作关系的延伸，而非单纯订单买卖。

关于 ESG（企业文化、员工、社会责任）实践，企业可以展现员工生活和团队建设，提升企业形象。

创新，是推动产业发展的核心动力。中国拥有全球最完善的产业链，为产品应用和商业化提供了坚实的基础。在全球化的科技和产业变革中，高效的组织策略和深度的合作网络是加速知识传播和创新整合的关键。构建国际化的人才发展体系，结合具有本土与全球视野的人才，实现团队优势互补和资源共享。

科特勒咨询：

如何更好地建立内外部沟通？

胡勤实：

在中国，客户普遍注重产品的性价比。相较之下，海外市场客户更倾向于与历史悠久、信誉卓著的企业建立长期合作关系。这类客户认为，与"百年老店"的合作能够带来更深层次的信任和更持久的价值。

技术革新周期的缩短和创新融合性的增强，对组织策略提出了更高的要求。包括优化内部流程、加强跨部门协作，以及构建开放的创新生态系统。产业创新的成功不仅仅依赖于具有前瞻性思维的企业家和科技专家的引领，更依赖于企业、产业界、学术界和研究机构在知识交流和学习过程中建立的深度合作网络。这种合作网络的结构优化，能够促进知识的共享、技术的转移和创新的应用，从而推动整个产业的持续发展和升级。

科特勒咨询总结：

1. B2B 购买决策的关键要素。在 B2B 购买决策中，品牌的影响力至关重要。品牌不仅要与单个购买者建立联系，而且必须与整个购买群体产生共鸣。由于 B2B 购买过程中涉及的决策者众多，且购买时间分布可能极为不同，品牌需要致力于构建长期且持续的客户关系。

2. 品牌策略的调整。为了适应不同市场的需求，品牌需要调整其市场策略。在海外市场，品牌应减少对价格的强调，转而突出增值服务和长期合作的潜力。通过提供定制化的解决方案和高质量的客户服务，品牌可以更好地满足海外客户的期望，并建立起稳固的商业伙伴关系。

3. 全球创新竞争与核心竞争力。在当今快速变化的全球科技和产业格局中，各国正竞相攀登新一轮产业竞争的高峰。例如美国以其坚实的基础研究作为其创新的护城河，而中国则以其全球最完善的产业链，在产品应用和商业化方面占有领先地位。

访谈内容营销服务商 Brandpal：环境剧变是发展常态，一定要找"不变的东西"

Brandpal 是一家由 AI 驱动的短视频内容营销服务商，美国头部 TikTok Shop Partner（TSP）、MCN（CAP/TAP）、TikTok 电商学习中心独家内容合作伙伴、美国与拉美市场娱乐公会，致力于赋能全球商家，挖掘 TikTok 流量红利。重点覆盖赛道包括美妆、服装鞋帽、3C 数码、厨具家电、宠物用品等。

以下内容来自科特勒咨询对 Brandpal 创始人兼 CEO 孙思远的访谈。

科特勒咨询：

出海美国市场，在 TikTok 等平台上有哪些品类增长的机会？

孙思远：

短视频、直播电商的主销品类与中国生态接近，TikTok 平台美国区域主要集中在美妆、服饰鞋帽、3C、家居日用四大品类。

围绕目标人群开展一系列选品和营销工作是关键。美国市场的特色是"多民族融合"，从文化特色、文化属性、人口结构中可以洞察到产品选择机会，有些文化特色可以带来难以想象的惊喜，例如卡牌（结合 IP 创意卡牌）、水晶（信仰与宗教意义，是能量的加持）、假发（非裔美国人使用较多）、阿拉伯长袍（中东阿拉伯男性传统服装）等，企业要把握和深入了解每个国家的特色。

科特勒咨询：

选品是一个系统工程，怎么做才最有效？

孙思远：

首先，数字化选品，要抛开个体思维，选品由企业内部 SOP（流程化）的数据驱动。 前期的调研工作是必不可少的，包括调研线上多平台数据、线下渠道销售数据等，再将外部数据与企业一方数据、消费者调研数据、专业机构综合数据、企业内部研判模型进行结合（因为每一方都有局限性），找到有机会发展的品类；再将提炼出的产品价格、特点、功能等与企业内部的用户洞察结合，从而创造出属于自己的产品；重要的是，将选品流程进行最小单元拆解，再持续迭代与优化。从始至终一定是数据驱动，不提倡凭感觉去选品。

其次，要了解不同平台的算法和逻辑。 平台根据独有的算法和逻辑，大大影响着企业（商家）的流量、转化率、曝光度等方面，碰运气心态将带来资源浪费和风险。

最后，要充分使用 AI 工具。在整个系统性的选品工作流程中，实则使用了多个工具。 比如用户洞察 AI 系统，帮助企业深入了解用户特征、用户需求；全平台数据整合系统，帮助产品在较长的测试周期中整合并分析其他类似产品、自有产品的数据反馈，然后把相关要素提炼出来，进行精准测试，最终数据也能反推产品创新设计与生产工作，避免"海选式"的测试。

科特勒咨询：

先发优势最有机会做起来，但"跟卖"也是一种普遍现象，怎么持续保持产品在平台上的优势和利益？

孙思远：

要改变最根本的经营思维：不是产品出海，而是品牌出海。许多以贸易形式做的出海生意，都容易被"品类侵略"。品牌为产品、服务带来溢价空间，是构建核心竞争力的根本。以 TCL、海信为首的企业是非常具有代表性的优秀企业，他们的做法让我们获得以下启发：一是需要建立高度本土化的团队，例如某企业事业部在美国大约有 400 人，其中三分之二以上都是外国人。二是要深度参与本国生态，成为主流市场的一部分。

科特勒咨询：

TikTok 等线上平台，对于规模型大企业来说，存在哪些机会？有多少资源将投入在新兴平台上？

孙思远：

线上主流平台是所有品牌没办法忽略和忽视的新兴流量红利渠

道，参与程度只是时间问题。目前已经有来自中国、美国的大型企业在 TikTok 平台上花较多精力和投入营销预算。比如一家大型美国家具品牌，计划在 TikTok 平台投放近 40 万美元的广告预算。

在 TikTok 平台做营销有四大核心：一是做自己的账号和内容，形成企业或品牌对外的展示窗口。二是进行达人营销，可扩大影响力和销售产品。品类头部企业合作的达人平均达 1500 人。需要注意的是，有联系但未达成合作的达人可能有 15 万个（即 100∶1 的比例），所以前期会产生大量沟通成本。三是广告投流，目前 TikTok 与 Twitter、Facebook、Google 等成熟平台相比较，广告投流总量相对小，可能会出现 ROI 不稳定的情况，会导致 ROI 不稳定的因素包括特定人群体量偏少并已全覆盖或投放不精准。四是直播带货，2024 年是直播带货的元年，2024 年 TikTok 平台第二季度已打破单场带货百万美元的纪录，是非常好的趋势。平台也在计划围绕 2024 后半年的关键节日、消费节点，放大、规模化这类百万级别的直播间。

TikTok 带来了结构性红利的机会，除了业务延展型企业，也有企业将此作为业务模式全面转型的机会。新渠道不断出现，抓住新渠道的机会，不要成为落后于时代的企业。

科特勒咨询：

TikTok 等线上平台对于中小企业来说存在哪些机会？又有哪些不确定的风险？

孙思远：

平台和品牌都处于成长发展期，能更好地扩大影响力，带来自然声量，达成品效合一的最佳效果。

但是企业抓住机会后不要恋战，要积累品牌势能，向优化产品、提升服务、经营顾客、拓展渠道的方向延展，夯实品牌基础。国外消费者对品牌产品认可度极高，例如巴西和美国人消费首选品牌产品。

风险则主要来源于企业内部国际化经营人才的短缺、信息不对称、没有找到本土合作伙伴等因素。出海的业务链条非常长，物流、库存、退货都会带来成本的持续上涨，许多企业最终只能低价或拼货出售，这对企业的经济损失、声誉损失、信心损失是巨大的。

科特勒咨询：

美国网红生态和直播带货是怎样的？出海品牌如何参与其中？

孙思远：

网红生态处于早期阶段，除了大网红，市场上有大量的"野生网红"。由于网红需要试用产品，也出现过"骗品"不履约的情况，有经验的商家会提前预留一定比例的不履约率。

美国网红和运营经理的能力还不足，需要中国有经验的人员给予大量持续的培训。反过来看，这正好是机会所在。美国 MCN 机构分布在多个平台，运营方面总体没有形成相当规模的专业化模式。

好的运营关键是企业要构建自己的 SOP 流程。如果没有，则建议与专业机构合作共同搭建 SOP。在过程中完善团队能力，积累经验，其

中需要克服可能存在的语言、文化、沟通、习惯障碍。专业的机构拥有
"本地雇员团队＋本地社群资源＋具有稳定性（不抛货、合作信用度评价、
沟通能力强等）"的特点。

科特勒咨询：

**品牌出海达成目标的关键要素有哪些？有哪些值得关注的典型做法
和亮点？**

孙思远：

AI 对行业的改造是革命性的。标准化、流程化、数据驱动、AI 化是
必须掌握的能力。例如应用 AI 工具介入前端产品设计、内容审题、内容
制度、广告投流、数据监测反馈等，当下的市场一定要用聪明的办法做
事情，在美国常见的是比较优秀的人配上 AI，产出堪比一个小团队。

成功的企业有几个典型的做法：比如"中国柔性供应链＋品牌化运
营＋社交媒体机制红利＋精准人群定位＋内容营销和事件活动＋用户社
群运营"，形成深入本地用户的大量互动，对于消费品类尤其重要；比如
构建企业内部自动化营销系统，利用自动化的 AI 算法帮助选品和投流等
工作；要深入洞察市场趋势，有产品创新能力，并将产品核心卖点做到
极致。美国不需要大而全的品牌，"单品为王"的品牌反而会有巨大的
收获。

科特勒咨询总结：

当下许多 AI 营销工具的重要作用之一是能够提供精准的消费者洞察和个性化的产品推荐。这不仅提升了营销活动的效率，同时也增强了用户的体验感。为了实现这一目标，企业需要对策略、市场、平台和创意等多个方面进行综合考量和整合。

1. 策略整合：将业务策略与品牌策略相结合，确保营销活动与企业的长期目标和品牌形象保持一致。

2. 全面市场：全域全渠道同步执行一致的营销策略。

3. 平台势能：利用平台资源，打破单一平台传播边界，建立多触点的营销战役。

4. 创意驱动：注重用户体验，例如 AIGC 带来的创意表达，也提升用户品牌忠诚度。

5. 自动化流程：批量完成用户管理和个性化营销工作。

通过这种全方位的整合策略，企业可以构建一套强而有力的营销组合拳，从而在激烈的市场竞争中脱颖而出。这种方法不仅能够降低成本，提高效率，还能够为企业带来更持久的竞争优势。

科特勒咨询：

您对企业品牌出海有哪些建议？

孙思远：

外部环境剧烈变化是发展的常态，一定要找"不变的东西"，包括：出海浪潮与趋势、中国供应链与品牌打造能力外溢、货架电商向内容电商的转变趋势、AI 对内容创作的影响、生产方式变革的趋势等。

通过宏观、中观、微观三个层面洞察：

宏观： 选择比努力重要，找到势如破竹的战略支点。

中观： 基于企业自身特点和基因，打造独特的方法论和 SOP。

微观： 持续耕耘，变成真实可掌握的能力而非概念性出海。老板作为出海的第一领头人，要深入日常工作中了解每个环节的情况，给予团队充分支持，获得真实感受，不断迭代，才能带团队打胜仗。有句话对出海的企业来说不无道理，"哪怕做不到认知能力一流，起码做到认错能力一流"。

访谈出海科技企业创始人俞雷：中国的营销打法已是全球最强的

俞雷曾任金立手机 CMO，2022 年创办手机品牌 FreeYond，以拉美作为出海第一站，2023 年初拿到天使轮投资，2024 年其新书《手机·生死局》出版。2023 年，他创办某科技企业，面向东南亚市场推出产品。他是营销圈老将，同时也是中国品牌出海的实战者。

以下内容来自科特勒咨询对俞雷的专访。

科特勒咨询：

当下，您如何思考中国企业国际化的整个趋势和机会？

俞雷：

我和传音的一个联合创始人聊过这件事。传音的思考路径我觉得蛮有意思的。它没有做中国市场，但是它也成为全球前五大手机品牌之一。所以海外明显是一个比中国更大的市场。但是过去的机会不太成熟，因为当时中国还是一个发展中国家，品牌很难从发展中国家向发达国家输出。随着近 20 年来中国的发展，这个障碍已经不存在了。尽管与美国相比，中国还有很大的差距，但是我们认为在中国以南的市场，这个差距已经不明显了。

其次，中国以前遍地是机会，但是现在的中国市场太卷，海外市场反而遍地是机会。这也是现在越来越多的中国企业走向海外的重要原因之一。

另外，中国的品牌能力现在是很强的。我在美国读书的时候，真的觉得老师讲的那些东西早就过时了。中国的打法更为先进。当然，在高端化方面，主要是受制于国家品牌的影响，所以我觉得需要一些时间。但是具体到营销打法上，中国是全球最强的。所以目前中国品牌输出不是一件特别难的事情，在海外已经有很多很好的中国品牌。

以电动两轮车为例：首先，在两轮车领域，中国拥有全球最好的供应链。其次，在智能化领域，比如互联网、物联网，中国也走在最前面。这是我们的一个机会点。最后，美国没有中国那么重视新能源领域。所以中国的电动车、智能车走出中国面向全球市场，有着得天独厚的条件。

我去年出去了七次，每次待在海外的时间都很长。我个人觉得，这次中国企业的出海有个显著特征：在海外市场，尤其在东南亚、非洲这样的市场，这些企业是以品牌的方式出去的，而不单单是产品，这与以往的外贸出口是完全不同的。比较典型的两类是消费类电子产品和快消品，也包含汽车。其实在整个海外，目前中国汽车企业的动作是很大的。

科特勒咨询：

有没有一些您认为的普遍性的制约？

俞雷：

普遍性的制约就是关税。一部五菱 mini 在印度尼西亚要卖到 15 万，并不是商家贪心，而是因为关税的问题。在投资方面，包括巴基斯坦、印度尼西亚、巴西等，企业都需要建厂，而且企业需要面对这些国家相关部门可能存在的腐败问题。此外就是贸易保护的问题，比如印度尼西亚的"油改电"计划要求国产化率超过 40% 才有补贴。

科特勒咨询：

您如何看待印度尼西亚市场的机遇？

俞雷：

朝气蓬勃，发展迅速。虽然印度尼西亚国家还是很落后，但是民众对未来还是抱有希望的，具体的表现就是他们敢花钱。整个雅加达的法定工资水平只有 2500 元人民币，在其他小地方收入水平更低，但是增长很迅速。七八年前，雅加达的工资仅仅是 500 元人民币，近几年涨了五倍。东南亚现在的增长速度更快，我认为这是个比较好的市场，因为东南亚华人很多，做生意的基本上都是华人，尤其是中文在马来西亚通行无阻。

用中国成本低廉的优质产品去跟当地的企业打，他们确实是打不过我们的，最后都是中国人自己打自己。任何一个民族国家都不喜欢这样外来的"经济侵略者"，他们还是希望你能扎根于本地。所以，我看到做得真正好的企业都是扎根于当地的，本土化做得很好的企业比如极兔快递、OPPO、vivo 等，在整个印度尼西亚聘请了几十万当地员工，为当地解决了就业的问题，这是真正有助于一个国家发展的。中国企业还缺乏一些本土化观念。真正要在海外做好企业，还是要培养本地员工，为当地创造就业机会，这样的企业才活得下去。如果只是卖货，那你一定会受到当地政府的抵制。

不过也要承认，中国企业出海确实缺乏保护。企业作为外来者往往得不到保护。这就需要本国政府出面，光靠企业的力量还是很难的。

科特勒咨询：

关于在东南亚进行品牌塑造，可以分享一下您的做法吗？

俞雷：

相对于中国市场，在东南亚地区建立品牌影响力会更容易一些。我去年在马来西亚做过一次调研，得出的调研结果是：社媒已经成为第一大广告平台，第二是电商，第三才是电视和户外媒体。所以现在中国出海的企业在传统广告上的花销比较少，主要还是投在社媒上。因为在海外社媒还是有一定的红利期，成本要低一点，机会也更多。注重打造品牌影响力、获得市场认可、建立信誉是取得市场的重要途径，无论业务是 To B 还是 To C。

科特勒咨询：

经销商这块该怎么来做？渠道建设方面有哪些很重要的事情？

俞雷：

关于渠道建设，在东南亚也比在中国要容易，因为东南亚市场相对来讲更简单，没那么卷，而且整个渠道成本大概要比中国低十几个点，租金成本和人力成本都比较低。当然，与国内渠道相比，他们的利润也会低一些。比如印度尼西亚，他们的店都比较传统，有点像中国乡镇市场的门店，基本上都是比较简陋的，很少看到装修比较好的街边门店或品牌形象店（商场除外）。

科特勒咨询：

您计划如何做东南亚市场的整体布局？是先在某个市场做到绝对头部，还是同步进入几个国家？

俞雷：

有些人认为做印度尼西亚就够了，因为印度尼西亚有 2.7 亿人口。有些人目标更大一点，要做整个东盟市场。东南亚市场跟中国乡镇市场有点像，以个体户式的门店零售为主。但是拉丁美洲市场不太一样，给我的总体感觉是个批发型市场，多是一些档口摊位，没有太多零售。非洲和拉丁美洲比较接近。这些市场适合下沉的打法，中国人最擅长，因为中国人就是农村包围城市干出来的。

在团队建设方面，我们在拉丁美洲、非洲、印度尼西亚，都是中国人带着一帮非洲兄弟或者拉美兄弟这样的模式。组织团队多元化的好处是能够夯实在海外的根基。比如某手机品牌出海基本以贸易为主，组织本地化根基不稳固，抗风险能力和解决问题的能力很弱，发展受到很大限制。这样只要产品一出问题，就很容易溃败。

致谢

（排名不分先后）

感谢本书的所有被访者，创想三维刘美姣女士、龙腾出行朱江南女士、Mark Koch 先生、Andrew Harrison 先生、ATM 屈田先生、PTC 施战备先生、LinkedIn（领英）胡勤实先生、Brandpal 孙思远先生、OPPO 周超先生、国际营销专家俞雷博士等，他们的深度洞察和经验总结丰富了本书的内容。

感谢所有被访企业，包括 Apple、Google、阿里云、Meta、Next 2 Market、PTC、Vision Group、Traini、Forest Dream、Techstars、Plug and Play、剑桥创新中心、亚米网、Maybe Mars、Furniture of America、硅谷银行、摩根大通、Magstone 律所、UHY 会计师事务所、KPMG、Ateam、D&H、TÜV SÜD、AIC Motorsports、新加坡经济发展局、Allbirds、Casper、Patagonia、REI、Segway、Lazara、创想三维、Tesla（Solar power）、Eye Candy，以及好莱坞百万级 KOL、红人、经纪人、影视制作人等，他们为中国企业出海营销提供了非常宝贵的支持。

感谢科特勒咨询集团首席顾问"现代营销学之父"菲利普·科特勒教授、全球著名品牌专家凯文·莱恩·凯勒教授、美国麻省理工媒体实验室张曙光教授、美国哈佛商学院朱峰教授等，他们的深度研究和洞察为本书提供了不可缺少的智力支持。

最后，感谢支持本书成稿的科特勒咨询集团中国和新加坡办公室的同事：周再宇、何丹丹、陈兰、于倩倩、黄路苹、林盈、彭玉洁、王文俊、李阜东、王渤超、乔林和王赛等，是大家的共同努力让这本书得以诞生。

全球市场处于不同发展阶段，在中国市场走进存量竞争之际，世界上仍有蓝海市场在等着中国企业去发掘和开拓。对于所有志在增长的企业来说，出海是必行之路，也是开拓蓝海市场为顾客创造卓越价值的伟大征途。希望本书能够为这些企业带来一点启发。

曹 虎 ◎ 著

溢出

新质生产力浪潮下
中国企业出海
营销战略
思 维 导 图

深圳出版社

企业结构性增长和战略性增长模型

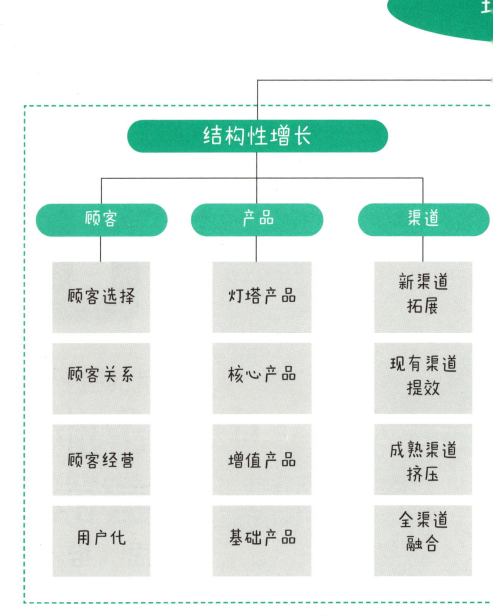

土

结构性增长

顾客	产品	渠道
顾客选择	灯塔产品	新渠道拓展
顾客关系	核心产品	现有渠道提效
顾客经营	增值产品	成熟渠道挤压
用户化	基础产品	全渠道融合

超越市场平均增长

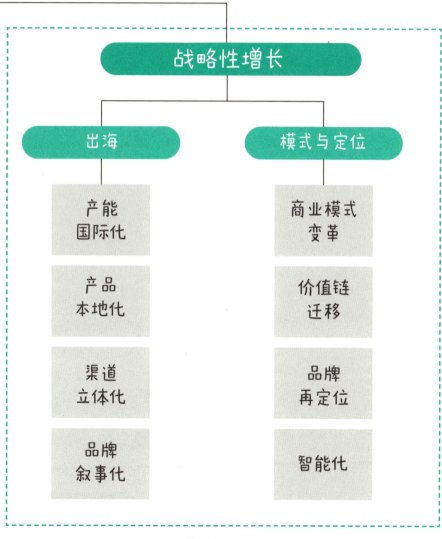

长引擎

战略性增长

出海

模式与定位

产能
国际化

产品
本地化

渠道
立体化

品牌
叙事化

商业模式
变革

价值链
迁移

品牌
再定位

智能化

爆发性的增长

全球营销路线图 2020—2030 年

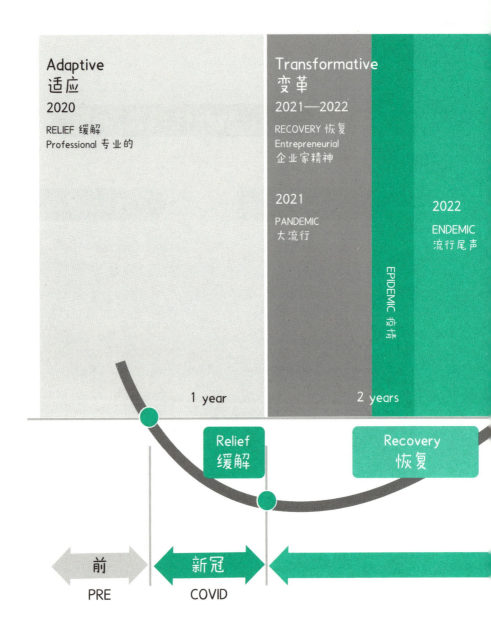

Adaptive
适应
2020

RELIEF 缓解
Professional 专业的

Transformative
变革
2021—2022

RECOVERY 恢复
Entrepreneurial
企业家精神

2021

PANDEMIC
大流行

2022

ENDEMIC
流行尾声

EPIDEMIC 疫情

1 year

2 years

Relief
缓解

Recovery
恢复

前
PRE

新冠
COVID

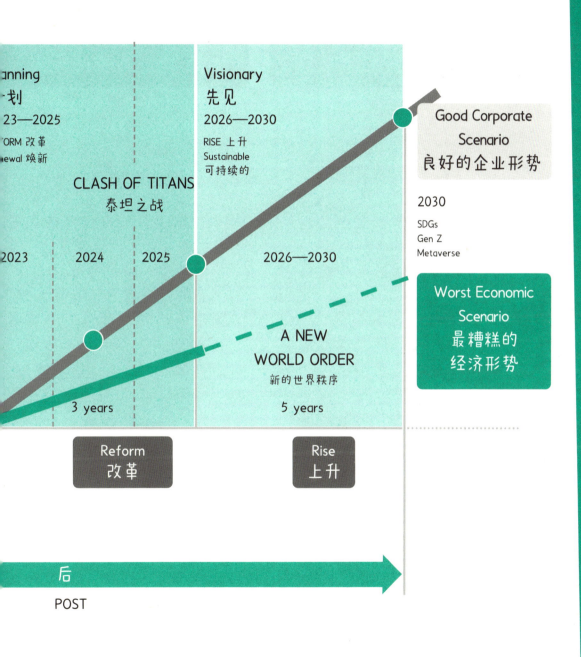

anning

划

23—2025

ORM 改革
newal 焕新

CLASH OF TITANS
泰坦之战

Visionary
先见

2026—2030

RISE 上升
Sustainable
可持续的

Good Corporate
Scenario
良好的企业形势

2030

SDGs
Gen Z
Metaverse

2023　2024　2025　2026—2030

A NEW
WORLD ORDER
新的世界秩序

Worst Economic
Scenario
最糟糕的
经济形势

3 years　5 years

Reform
改革

Rise
上升

后

POST

中国企业出海的四大困惑

困惑一：产品怎么选？

建立市场知识

① 对海外市场和用户缺乏认知，因此难以判断哪些产品更有市场前景，值得大力投入。

② "先行者"只知道哪个产品好卖，但不知道消费者是谁，为什么选择你，成功难以持续。

③ "后来者"看到什么好卖就做什么，"同质化"和"价格战"的困难模式。

④ 通过线上、线下、一手数据和二手资料指导企业有效制定产品匹配方案、价值方案和销售计划。

困惑二：品牌如何做？

塑造品牌体系

① 品牌体系，包括品牌视觉效果（VI）、品牌定位、品牌故事、用户界面（UI）、产品外观与包装等等。

② 错误以为品牌是"外国名字+Logo"，导致品牌设计混乱、视觉标准错乱，色彩字体花里胡哨，海外用户觉得"土"。

③ 缺乏关键的记忆锚点，品牌和品类关联弱。

④ 不符合海外用户文化习惯，在引流转化方面表现也不好，流失了大量的潜在客户。

困惑三：渠道怎么搞？

构建多渠道

① 有的企业只做亚马逊，只能选择标准化、性价比高的产品，客单价很难上去。

② 有的企业只在 Google 做投放，对海外"95后"（Z世代）用户的影响并不强，结果竞争对手通过 TikTok 等新兴渠道，提前"抢"走了年轻用户。

③ 某个渠道的占比过大，一旦遭到变数，如"封号"、分销代理中止合作等等，企业就会面临"业务停摆"的风险。

困惑四：组织怎么建？

扎根接地气

① 大量出海企业"不接地气"。

② 只能做到"懂语言"，做不到"懂文化"。

③ 做不到海外用户的沟通与互动；要么在品牌展示、图片视频拍摄时，缺乏对当地审美的理解，结果只能对广告进行机械化调优，难以进行全方位的优化。

④ 本地团队、本地文化、地道沟通，融入社区的团队在当地会更受欢迎，更容易收获用户的信任和好评。

价值出海的
四个关键升级

一、产品高端化

二、品牌叙事化

三、渠道立体化

四、组织本地化

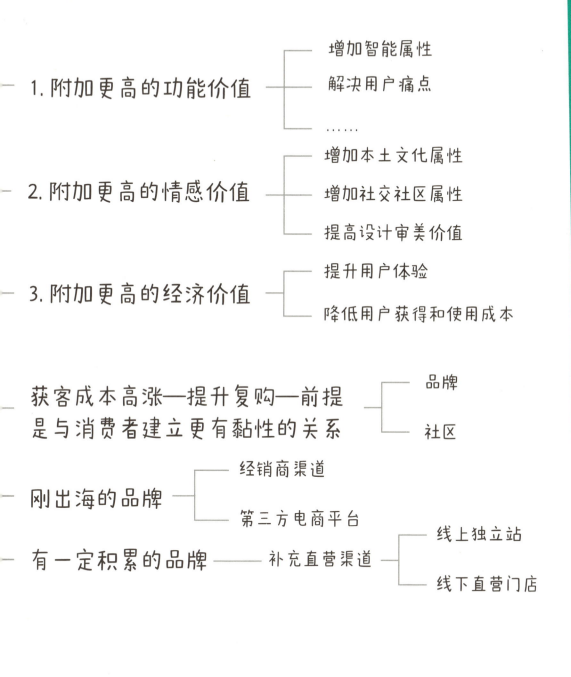

1. 附加更高的功能价值 —— 增加智能属性
　　　　　　　　　　　　解决用户痛点
　　　　　　　　　　　　……

2. 附加更高的情感价值 —— 增加本土文化属性
　　　　　　　　　　　　增加社交社区属性
　　　　　　　　　　　　提高设计审美价值

3. 附加更高的经济价值 —— 提升用户体验
　　　　　　　　　　　　降低用户获得和使用成本

获客成本高涨—提升复购—前提
是与消费者建立更有黏性的关系 —— 品牌
　　　　　　　　　　　　　　　　社区

刚出海的品牌 —— 经销商渠道
　　　　　　　　第三方电商平台

有一定积累的品牌 —— 补充直营渠道 —— 线上独立站
　　　　　　　　　　　　　　　　　　　线下直营门店

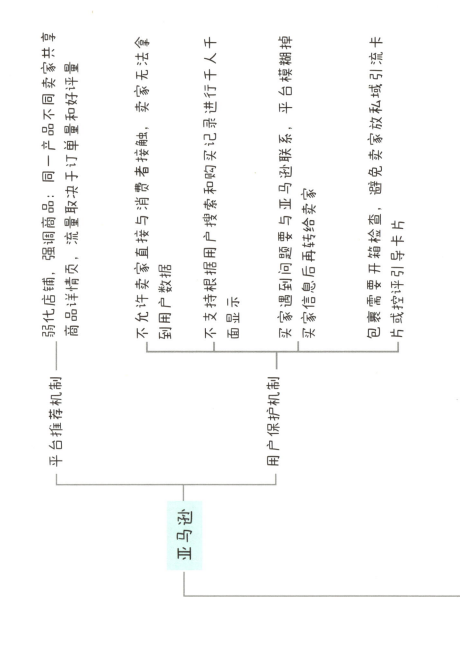

主要的跨境电商平台

亚马逊

- 平台推荐机制 —— 弱化店铺，强调商品；同一产品不同卖家共享商品详情页，流量取决于订单量和好评量
- 用户保护机制
  - 不允许卖家直接与消费者接触，卖家无法拿到用户数据
  - 不支持根据用户搜索和购买记录进行千人千面显示
  - 买家遇到问题要与亚马逊联系，平台模糊掉买家信息后再转给卖家
  - 包裹需要开箱检查，避免卖家放私域引流卡片或式控评引导卡片

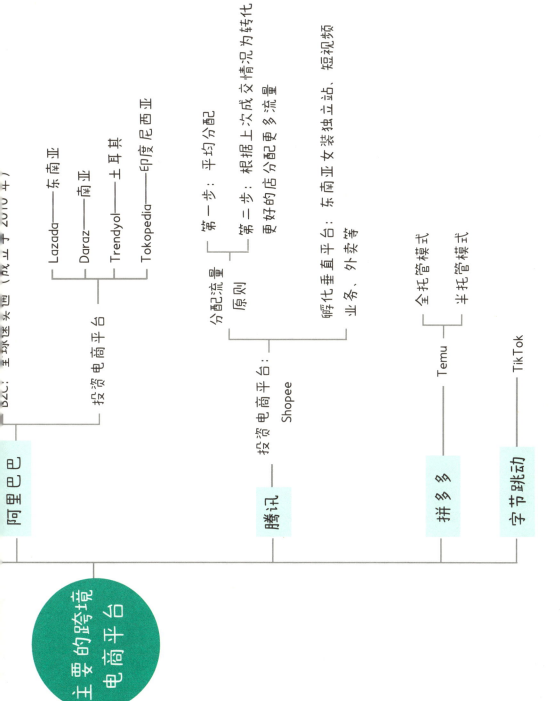

主要的跨境电商平台

阿里巴巴
- B2C：全球速卖通（成立于 2010 年）
- 投资电商平台
  - Lazada——东南亚
  - Daraz——南亚
  - Trendyol——土耳其
  - Tokopedia——印度尼西亚

腾讯——投资电商平台：Shopee
- 分配流量原则
  - 第一步：平均分配
  - 第二步：根据上次成交情况为转化更好的店分配更多流量
- 孵化垂直平台：东南亚女装独立站、短视频业务、外卖等

拼多多——Temu
- 全托管模式
- 半托管模式

字节跳动——TikTok

出海营销第一步——明确出海目标

1. 明确出海战略目标
- 品牌
- 销量
- 其他

2. 进行调研,摸清不同国家的市场特征和消费者需求

2.1 宏观市场调研:政策风险、地方文化、社会习俗、GDP、人口结构、物流基建等

2.2 行业调研:市场规模、增长情况、利润率、数字渗透率、竞争形势、配送商等

2.3 消费者调研:画像、需求、消费力、主流渠道、媒介偏好、支付偏好等

调研方法
- 一手:问卷调查、访谈、社交媒体倾听
- 二手:研究报告、媒体报道

第一步
明确出海目标:
趋势 + 洞察

3. 确定出海的目标国家市场

广告投放监测 Facebook 广告资料库、Adbeat、App Growing；SEO 工具 SEMrush；网站内容监测 Buzzsumo、MonsterInsights；其他综合工具 Google、Facebook 一系列工具

韩国：纺织品、家具和陶瓷

日本：宠物用品、家庭用品和美妆个护

欧盟：传媒、家居、小家电、办公用品、服装、美妆个护

北美：智能家居、小家电、消费电子、新兴科技产品、健康美容类、休闲健身类、花园用品、宠物电子产品

中东及西亚：服装、消费电子、家具、家电、个人护理品、户外用品、文具等

拉美：消费电子、服装饰品、轻工日用品、汽摩及配件、运动健身、休闲娱乐类

1. 选市场：细分市场、确定目标顾客、定位

1.1 洞察细分市场需求

- 1.1.1 采集数据：测算消费者态度、生活方式、价值观；
- 1.1.2 参与式观察：理解顾客使用场景，使用动机；
- 1.1.3 角色投入式倾听：挖掘顾客对产品的内在需求；
- 1.1.4 专家咨询：获取专业的市场调研报告和建议。

1.2 定位和差异化价值

- 1.2.1 创造产品或服务的差异化，比如使用场景、美学设计、售卖方式、主价格带等；
- 1.2.2 这种差异化与目标消费人群相关且对其有价值；
- 1.2.3 这种差异化反映了品牌定位。

2.1

- 2.1.1 自身优势
  - 有品类经验
  - 有供应链优势
  - 有成本优势
  - 有合作伙伴
- 分析谁
  - 标杆大卖家
  - 对标竞争对手

第三步
制定产品战略：
产品定位

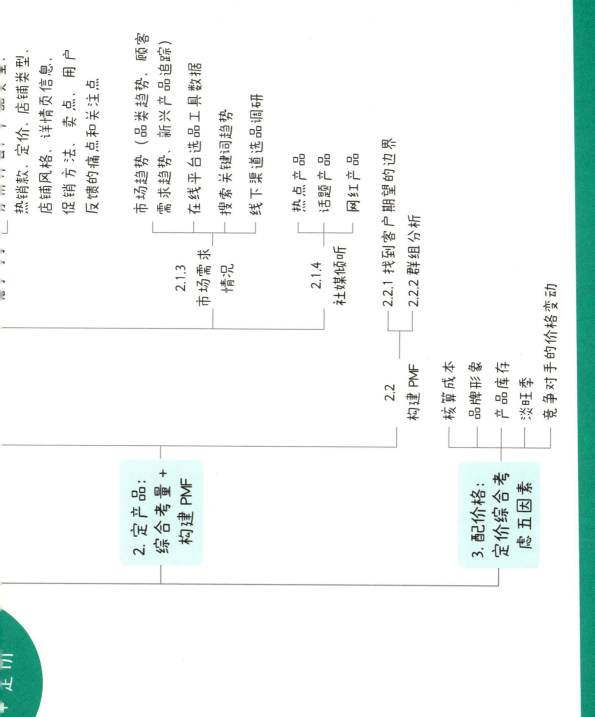

2. 定产品：综合考量 + 构建 PMF

热销款、定价、店铺类型、店铺风格、详情页信息、促销方法、卖点、用户反馈的痛点和关注点

2.1.3 市场需求情况
- 市场趋势（品类趋势、顾客需求趋势、新兴产品追踪）
- 在线平台选品工具数据
- 搜索关键词趋势
- 线下渠道选品调研

2.1.4 社媒倾听
- 热点产品
- 话题产品
- 网红产品

2.2 构建 PMF
- 2.2.1 找到客户期望的边界
- 2.2.2 群组分析

3. 配价格：定价综合考虑五因素
- 核算成本
- 品牌形象
- 产品库存
- 淡旺季
- 竞争对手的价格变动

出海营销第三步——构建渠道策略

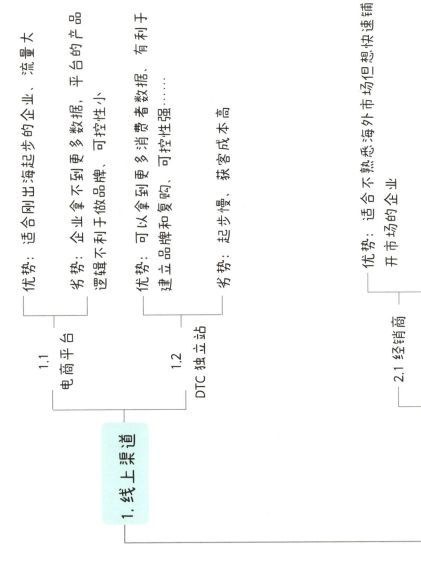

1. 线上渠道

1.1 电商平台

优势：适合刚出海起步的企业，流量大

劣势：企业拿不到更多数据，平台的产品逻辑不利于做品牌，可控性小

1.2 DTC 独立站

优势：可以拿到更多消费者数据，有利于建立品牌和复购，可控性强……

劣势：起步慢，获客成本高

2.1 经销商

优势：适合不熟悉海外市场但想快速铺开市场的企业

劣势：无法直接触达消费者

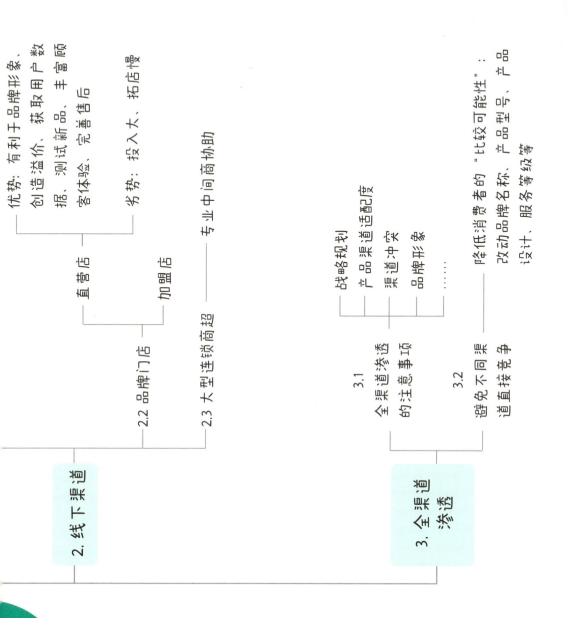

全渠道渗透

2. 线下渠道

2.2 品牌门店
- 直营店 —— 优势：有利于品牌形象，创造溢价、获取用户数据，测试新品，丰富顾客体验、完善售后
- 加盟店 —— 劣势：投入大、拓店慢

2.3 大型连锁商超 —— 专业中间商协助

3. 全渠道渗透

3.1 全渠道渗透的注意事项
- 战略规划
- 产品渠道配度
- 渠道冲突
- 品牌形象
- ……

3.2 避免不同渠道直接竞争 —— 降低消费者的"比较可能性"：改动品牌名称、产品型号、产品设计、服务等级等

出海营销第四步——品牌入市策略

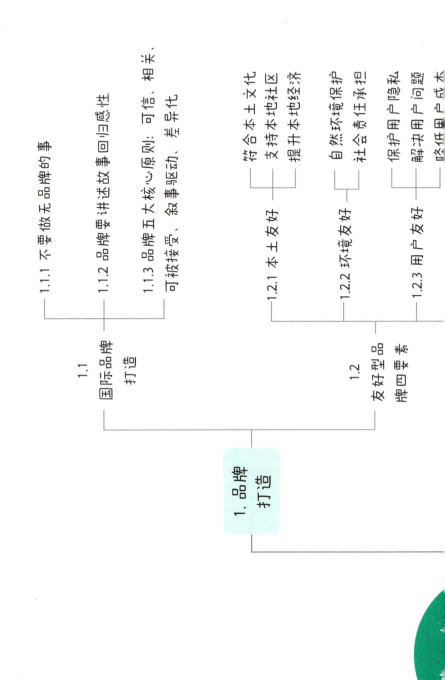

1. 品牌打造

1.1 国际品牌打造
- 1.1.1 不要做无品牌的事
- 1.1.2 品牌要讲述故事回归感性
- 1.1.3 品牌五大核心原则：可信、相关、可被接受、叙事驱动、差异化

1.2 友好型品牌四要素
- 1.2.1 本土友好
  - 符合本土文化
  - 支持本地社区
  - 提升本地经济
- 1.2.2 环境友好
  - 自然环境保护
  - 社会责任承担
- 1.2.3 用户友好
  - 保护用户隐私
  - 解决用户问题
  - 降低用户成本

品牌人市来略：
品牌打造与
市场推广

1.2.4 利益相关者友好 ——靠谱合作者形象

2. 整合市场推广

2.1
线上推广和
内容营销

电商平台站内推广

邮件营销

大平台推广：Facebook、Google

大平台以外的媒体联盟
+程序化广告交易平台

网红营销：YouTube、Instagram、TikTok、Twitter、Snapchat 等

2.2
线下推广和
活动营销

参加展会

活动赞助：体育赛事、综艺影视剧、社会文化娱乐活动等

线下广告：机场车站、户外媒体等

其他推广方式：校园大使

出海营销第五步——构建组织能力

1. 注册公司与初始团队搭建

1.1 注册公司基本流程（以美国为例）

1.1.1 确认公司类型：个人独资公司（Sole Proprietorship）、有限合伙公司（Limited Partnership）、股份公司（Corporation/Inc）、合伙制公司（Partnership）、有限责任公司（Limited Liability Company）

1.1.2 确认公司地址

1.1.3 注册公司：没有身份限制

1.1.4 申请税号

1.1.5 开设账户，申请销售许可证

1.1.6 公司注册后的注意事项：每年缴纳注册代理费，专利税/特许（权）税，网上备案

1.2 品牌出海的"最小组织"——注意文化差异导致的组织内部沟通问题模式和组织升级

第五步
构建组织能力：
组织设计
+ 售后服务

2. 建立物流和
售后服务能力
— 产品物流
— 售后服务

3. 获取资金
支持
— 融资
— 贷款
— VC 的关注点：是否能赚钱、在中国市场是否真实可靠、主体公司注册地、适用哪些法律、知识产权情况、进入和退出的通道等

4. 构建法务
支持
— 进出口
— 劳动用工
— 企业并购

5. 做好税务
筹划
— 公司注册
— 税务条约
— 公司上市

中国某 SaaS 企业国际营销能力中心架构

海外基地的

产品开发和孵化中心	交付履约和资本中心	人才培养和储备中心
海外新品开发	订单交付	本地初级人员招募和培训
产品迭代	集散	本地资深人员的招募和组织化
解决方案整合	结算	中国外派人员的培训和服务
产品延伸	融资	外包商管理

能力中心

客户开发和
情报中心

数据和
计算中心

国际线索管理 和新客户开发	海外市场数据 存贮和应用
现有客户 关系管理和维护	国内市场和客户 脱敏备份
市场竞争 和机会研究	白盒机制下的 联合数据 业务开发

4R+1P——中国企业国际营销战略屋

市场战略与增长战略

出海模式，国家市场，竞争优势，
增长来源（结构性和战略性），组织架构和人才

R1: 识别潜客

识别和洞察潜客

通过线上、线下、一手数据和二手资料对潜在顾客的静态特征、需求特

R2: 触达顾客

产品和传播触达

根据顾客洞察制定有效的触达方案，包括：
● 产品触达：渠道

R3: 构建关系

构建长期关系

建立跟潜客和现有顾客的价值关系而不是交易关系
● 从产品售卖到顾

R4: 持续盈利

顾客成为增长杠杆

随着顾客的成长而成长
● 伴随性国际化
● 构建国际本土化的

采购时机、决策模式等进行全方位了解，从而指导企业有效制定产品匹配方案、价值方案和销售计划。

团队
● 传播触达：内容策略，媒介和活动策略

研发深度整合顾客业务
● 长期订单

扩大顾客的钱包份额
● 从产品到解决方案到PAS

主要策略

国际化营销组织的 5 个核心职能

1. 产品策略和管理　2. 定价策略和管理　3. 渠道策略和管理　4. 品牌和传播管理
5. 顾客开发和管理　6. 商机管理　7. 销售预测　8. 投标管理
9. 售后服务　10. 订单管理　11. 信用授权管理　12. 利益相关者关系维护

P：数智化基础平台

"品牌出海五步走"行动路径表

明确出海战略目标

品牌	销量	其他

进行调研，摸清不同国家市场特征和需求

行业情况		消费者情况

宏观市场调研

政策风险、地方文化、社会习俗、GDP、人口结构、物流基建等

市场规模、增长情况、利润率、渗透率、竞争形式、配送商等

消费者画像、数字需求、消费力、媒介偏好、支付偏好等、主流渠道、

确定出海的目标国家市场

选市场：细分市场、确定目标市场、定位

洞察细分市场需求

定位和差异化价值

- 采集数据——测算消费者态度、生活方式、价值观
- 参与式观察——理解顾客使用场景、使用动机
- 角色投入式倾听——挖掘顾客对产品的内在需求

- 创造产品或服务的差异化：使用场景、美学设计、售卖方式、主流价格带等
- 这种差异化与目标消费人群相关且对其有价值
- 这种差异化反映了品牌定位

构建PMF（产品与市场匹配）

综合考虑四元素

- 自身优势
- 竞争对手

定产品：综合考量 + 构建PMF

市场需求情况

找到客户期望的边界

- 社媒倾听
- 群组分析

配价格：定价综合考虑五要素

产品库存

淡旺季

核算成本

品牌形象

竞争对手价格变动

线上渠道　线下渠道

明确出海目标

制定产品战略

构建渠道策略

- 企业、流量大
  - 劣势：企业拿不到更多数据，平台的产品逻辑不利于做品牌、可控性小
- 有利于建立品牌和复购、可控性强
  - 劣势：起步慢、获客成本高
- 熟悉海外市场但想快速铺开市场的企业
  - 专业中间人协助
  - 优势：无法直接触达消费者
- 加盟店
- 直营店

战略规划
- 产品渠道适配度

全渠道渗透注意事项（全渠道渗透）
- 渠道冲突
- 品牌形象
  - 降低消费者的"比较可能性"；改动品牌名称、产品型号、产品设计、服务等级等
- 避免不同渠道直接竞争

品牌入市策略

国际品牌打造（品牌打造）
- 品牌五大核心原则：可信、相关、可被接受、叙事驱动、差异化
- 本土友好
- 环境友好
- 用户友好
- 友好型品牌四要素
- 利益相关者友好

整合市场推广
- 线上推广和内容营销
  - 邮件营销、大平台推广、电商平台站内推广
  - 网红营销、大平台以外的媒体联盟+程序化广告交易平台
- 线下推广和活动营销
  - 参加展会、进行活动赞助、线下广告
  - 其他推广方式：校园大使

构建组织能力

注册公司基本流程
- 注册公司与初始团队搭建
- 品牌出海的"最小组织"模式和组织升级

建立物流和售后服务能力
- 产品进口前置工作
- 产品物流
- 售后服务

获取资金支持
- 贷款
- 融资
- VC的关注点

构建法务支持体系
- 进出口
- 劳动用工
- 企业并购

做好税务筹划
- 公司注册
- 税务条约
- 公司上市

中国企业出海市场需求的分布情况

西欧

- 传媒（短剧、电商）
- 家电
- 锂电池
- 光伏
- 汽车
- 交运物流
- 医疗设备
- 通信、物联网
- 创新药
- 食品饮料

俄罗斯

- 汽车
- 电力设备
- 软件、硬件

中东

- 光伏
- 军工
- 建筑
- 数字化、AI
- 交运物流
- 医疗设备

非洲

- 家电
- 光伏
- 军工
- 建筑

北美

- 传媒（短剧、电商）
- 家电
- 锂电池
- 光伏
- 医疗设备
- 通信、物联网
- 创新药
- 食品饮料

东南亚

- 专媒（短剧、电商）
- 电力设备
- 数字化、AI
- 军工
- 交运物流
- 建筑

拉美

- 汽车
- 电力设备
- 光伏
- 交运物流
- 医疗设备

澳新

- 食品饮料
- 汽车
- 家电

SHEIN 供应链——引流转化全链条解析

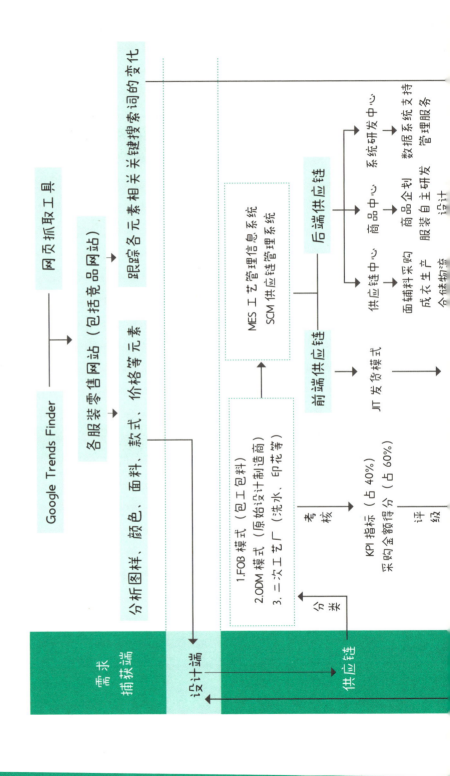

需求捕获端

分析图样、颜色、面料、款式、价格等元素

各服装零售网站（包括竞品网站）

Google Trends Finder

网页抓取工具

跟踪各元素相关关键搜索词的变化

设计端

1. FOB模式（包工包料）
2. ODM模式（原始设计制造商）
3. 二次工艺厂（洗水、印花等）

考核

KPI指标（占40%）
采购金额得分（占60%）

评级

供应链

分类

前端供应链

JIT发货模式

MES工艺管理信息系统
SCM供应链管理系统

后端供应链

供应链中心　商品中心　系统研发中心

面辅料采购　商品企划　数据系统支持
成衣生产　服装自主研发　管理服务
合储物流　设计

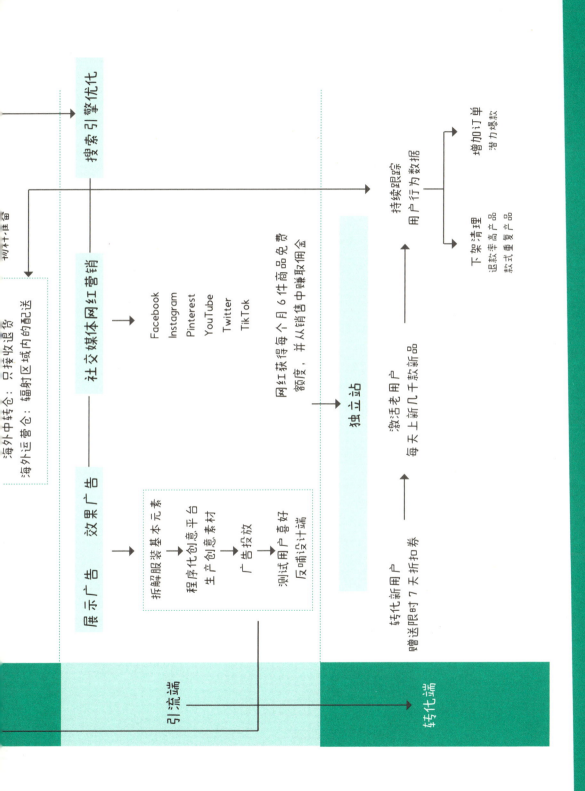

引流端

展示广告　效果广告

拆解服装基本元素

程序化创意平台
生产创意素材

广告投放

测试用户喜好
反哺设计端

社交媒体网红营销

Facebook
Instagram
Pinterest
YouTube
Twitter
TikTok

网红获得每个月 6 件商品免费
额度，并从销售中赚取佣金

搜索引擎优化

海外中转仓：只接收退货

海外运营仓：辐射区域内的配送

初始补货备

独立站

转化端

转化新用户
赠送话限的 7 天折扣券

激活老用户
每天上新几十款新品

持续跟踪
用户行为数据

下架清理
退款率高产品
款式重复产品

增加订单
潜力爆款

构建品牌的 27 个元素

对内

① 品牌宗旨
② 品牌愿景
③ 品牌使命
④ 品牌精髓

⑤ TA 画像
⑥ 竞对研究
⑦ 差异化策略
⑧ 定位声明

对外

⑨ 品牌原型
⑩ 品牌个性
⑪ 品牌语言
⑫ 品牌语气

⑬ 品牌名称
⑭ 品牌导语
⑮ 核心信息
⑯ 故事架构

⑰ Logo　　⑳ 视觉风格
⑱ 色彩　　㉑ 图画和插图
⑲ 字体

㉒ 网站和公众号
㉓ 社交媒体平台
㉔ 内容和广告
㉕ 线上和线下店面
㉖ 产品包装
㉗ 体验设计

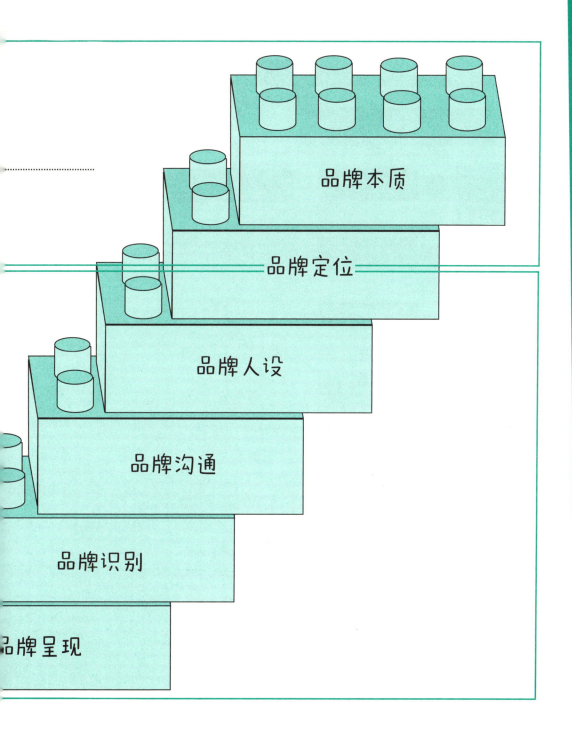

出海营销的 5A 全链路模型

科特勒 5A 行为链路		A1（Aware）认知 / 唤醒	A2（Appeal）初步兴趣
用户策略	① 用户人群	1 了解人群	2 吸引人群
	② 行为链路 / 关键动作	顾客从营销资讯与他人推荐，以被动的方式接触到品牌 （渐层触达） 阅读、观看、收听	顾客产生短期记忆是加强长期记忆，个别品牌产生兴趣 （深度触达 + 渐层触达） 深度阅读、收藏、
链路策略	③ 关系链（目的）	蓄水曝光人群	承接差异化兴趣人群
	④ 触点链（方式）	社媒广告、社媒内容户外广告、线下门店电视广告、口碑传播	社媒内容、门店导口碑传播
	⑤ 内容链（手段）	BGC/PGC/UGC价值传递与需求唤醒	PGC/UGC激发兴趣
	⑥ 度量链（效果）	曝光人数	浅层互动数据:赞、收藏、完播

A3（Ask） 深度种草	A4（Act） 购买	A5（Advocate） 复购 / 推荐
3 种草人群	4 购买人群	5 拥护人群
顾客以好奇心为动力，主动从朋友、传媒与品牌获取相关信息	顾客决定通过购买产品，使用产品来进一步与品牌进行互动	顾客有概率以重复购买与他人推荐的方式对品牌表现忠诚
（深度互动 + 意向行为） 搜索、评论、加购、跳链、账号关注	（成交 + 信息留存） 购买、留资 下载、注册	（复购 + 口碑） 复购、购买品牌其他产品、发帖分享
价值引导和种草	产生转化	提升 CLV+ 口碑传播
社媒内容、官网、评测网站、邮件留资	电商平台推荐、购物链接、商品详情页、App、邮件、官网	私域社群、App、邮件
PGC/UGC/AD 产品深度理解	AD 落地承接	BGC/UGC 强化价值认同
深层互动数据：品牌搜索量、跳链量	销售额	复购量、交叉销售量、话题讨论量